授業

河合隼雄・梅原 猛　編著

朝日文庫

本書は一九九八年六月、小学館文庫より刊行されたものです。

はじめに――日本の教育に、新しい風を

国際日本文化研究センター所長　河合隼雄

国際日本文化研究センターの隣に、京都市立桂坂《かつらざか》小学校がある。私はセンターの所長をしているが、ある日、桂坂小学校の村田喬子校長先生が何か頼みたいことがあると訪ねて来られた。私はPTAの講演はしないことに決めているので、もしそうだったら必ず断ろうと待ち構えていた。ところが案に相違して、「日文研の先生方に小学校で授業をしていただきたいのです」ということであった。

虚をつかれて驚いたが、これはよいアイデアだと思った。それにしても日文研の他の人たちがどう思うだろうと心配だったが、前所長の梅原猛顧問をはじめ、多くの賛同を得た。講演ではなく、「小学生のための授業」というところに誰もが意欲をかき立てられたようであった。小学校教育に地域の特性を生かそうとする考えが起こりつ

つあるが、日文研の教授連に小学校の授業をさせるとは、校長先生の柔軟な発想に感心してしまった。

教えるのは小学六年生と五年生。梅原猛さんを先頭に各人は自分の教える内容を考えることになった。しかし、いざとなるとなかなかで、小学校五・六年生はどのくらいの理解力をもつのか。四十五分間でどのくらいのことを教えられるのか。後からの人は先の人の話を聞いて参考にしたり、となかなか大変であった。おそらく、千人以上の聴衆の前でも困らずに講演する者ばかりだが、小学校の授業となると生まれてはじめてだから緊張するのも無理はない。これは授業をする方も、それを受ける方も共によい体験になったのではなかろうか。子どもたちの素直な反応が、教える側にいろいろなヒントを与えてくれるのである。

私自身のことで言えば、最初は「算数」にしようかと思ったが、とかく教えるのが難しいと言われている「道徳」に挑戦することにした。ありきたりのことを避けようと思ってやったが、小学六年生に対して難しすぎることを課してしまったと後で反省した。しかし、子どもたちが風変わりな道徳教育を楽しんでくれただけでも効果はあったかな、と思ったりした。

どの授業も、皆張り切りすぎて少し要求水準が高かった感じがする。それでも子どもたちとしては、平素とまったく異なる「授業」に接して、「忘れられない」印象を抱いたことも多かったようである。これだけに甘んじていることは許されないし、今後も継続していって、研究者と小学生の切磋琢磨《せっさたくま》！　を期待したい。

今年も授業は継続されており、「小学生の授業ができないようでは、日文研の教授は務まらない」などというジョークが所内で聞かれるようになった。

本書のような試みが日本の教育に新しい風を巻き起こす一助ともなれば有難いと思っている。このような貴重な体験をさせて下さった桂坂小学校の先生や子どもさんたちに、心からお礼申しあげたい。

なお、授業のビデオなどを基に、実際の場面を紙上に表現することに骨を折って下さった、京都編集室の前芝茂人、森岡美恵の両氏にも厚くお礼申しあげる。

小学生に授業　目次

芳賀　徹　俳句　169

安田喜憲　地中の花粉

協力　唐草書房

授業者紹介（登壇順・敬称略。役職は当時のもの）

梅原　猛　国際日本文化研究センター顧問　一九二五年生まれ　哲学専攻
山折哲雄　国際日本文化研究センター教授　一九三一年生まれ　宗教史・思想史専攻
河合隼雄　国際日本文化研究センター所長　一九二八年生まれ　臨床心理学専攻
尾本恵市　国際日本文化研究センター教授　一九三三年生まれ　自然人類学専攻
井波律子　国際日本文化研究センター教授　一九四四年生まれ　中国文学専攻
芳賀　徹　国際日本文化研究センター教授　一九三一年生まれ　比較文化史専攻
木村　汎　国際日本文化研究センター教授　一九三六年生まれ　ロシア政治学専攻
山田慶兒　国際日本文化研究センター教授　一九三二年生まれ　科学技術史専攻
安田喜憲　国際日本文化研究センター教授　一九四六年生まれ　環境考古学・地理学専攻

小学生に授業

学問の楽しさ

梅原猛

授業の内容

◆勉強は楽しいか？
◆人生の三段階——ラクダ・ライオン・赤ん坊
◆創造の大切さ
◆「赤ん坊」になるために勉強する
◆縄文時代と弥生時代
◆四大文明は「小麦と牧畜」の文明
◆小麦文明が文明の起源であるという「通説」への挑戦
◆中国文明の起源は稲作農業と養蚕
◆良渚の新遺跡
◆私自身の創造

＊一九九六年七月二日
京都市立桂坂小学校六年四組

▼授業前に、次のように板書されている

学問の楽しさ

国際日本文化研究センター

フリードリッヒ・ニーチェ

ラクダ ― 忍耐

ライオン ― 批判

赤ん坊 ― 創造

ユーラシア大陸

アジア　　ヨーロッパ

二つの農業

○小麦農業と牧畜　（パンとチーズ）

一万二千年前

四大文明

メソポタミア―チグリス・ユーフラテス川

エジプト―ナイル川

インド―インダス川

中　国―黄　河

夏　殷　周　（銅　器）

○稲作農業　（お米と魚）

一万年前

南中国　揚子江流域

浙江省　良渚

←

玉器　五千年前

それでは、きょう一日は、担任の先生に代わって私が授業をします。

私は、みなさんの学校のすぐ隣の「国際日本文化研究センター」にいます。

国際日本文化研究センターを知ってる?
▼板書の「国際日本文化研究センター」を指さすと、「はーい。知ってる」と子どもたちは声を上げる。
私はそこの、校長先生のような役割をする、所長でした。去年の五月に辞めて、いまは新しい所長になっています。

この国際日本文化研究センターというのは、なにをやっている所か知っていますか。

これは名前に「国際」とあるように、世界の人が集まって日本のことや日本の文化を研究する所です。だから、日本人の先生ばかりでなく、いろいろな外国の先生方が来られています。

アメリカやヨーロッパ、それからアジアなどたくさんの国の人が来て、日本のことを研究しているのです。

日本のこと、日本の文化を世界に紹介することは、日本にとってたいへん重要なことですね。日本と外国が仲良くするためには、やっぱり日本の文化を知ってもらう必要があるからです。そこで、日本の文化を研究するための機関をつくろうということで、たくさんの先生方が集まって、国に「どうかつくってください」とお願いしてできたのです。

その国際日本文化研究センターに、みなさんの校長先生が来られて、いまの所長に、「おたがいの交流のために授業をしてほしい。一時間でいいからしてほしい」と言われました。そこで私は授業をしに来たわけです。

話すことはなんでもいいということでしたが、やはり私の仕事についてのお話をしたほうがいいと思います。

だから、題して「学問の楽しさ」。

勉強は楽しいか？

みんな、学校の勉強はおもしろいか？　おもしろい人は手を挙げてみよう。

▼だれも手を挙げない。

勉強というのはしんどい。ほんとうは遊びたいね。

勉強だけしたいと思う人はいるかな？　いないだろう。いたらおかしい。遊びたいのが普通だね。だけど、勉強しなくちゃならない。

では、なぜ勉強しなくちゃならないか。それは、みなさんが立派な人にならなければならないからです。

山は高くなるためにすそ野が広くないといけないけど、立派な人になるためには、やっぱりすそ野が広くなければならない。

だから、みなさんは広いすそ野をつくるために、算数も国語も、社会も理科も、あるいは体操も美術も勉強しなければなりません。

そうして最後には、人は高い山をつくらなければならないのです。

人生の三段階――ラクダ・ライオン・赤ん坊

西洋の哲学者は、難しいことを勉強しているので頭でっかちで、現実のことにはぼんやりしている人が多いのです。

ところで、ドイツの哲学者で、フリードリッヒ・ニーチェという偉い人がいます。

そのニーチェがおもしろいことを言っているのです。

人生には三つの段階がある、と言っています。

最初は、ラクダ。

みんな、ラクダを知っているだろう。背中に山のあるラクダです。

▼板書の「ラクダ―忍耐」を指さし、ラクダの真似《まね》をする。

次には、ライオンになる。

▼ライオンの真似をする。

そして、最後には子どもになる。

最後に子どもになれる人は、ほんとうに立派な人生を送ってきた人です。

これで、どういうことが言えるかな？

ラクダは忍耐です。ラクダは重い荷物を背負って、砂漠を歩きます。だから、忍耐がラクダの精神ということになる。

勉強はしんどいですね。学校もしんどい。塾に行っている人もいると思うけど、塾に行っていると、ものすごくしんどいね。

勉強するということは、ラクダが重い荷物を背負って歩くのと同じように、一生懸命、知識を蓄えるということです。

算数は自然科学の基礎だから、みんな算数を勉強しなければならないね。算数という知識が必要だから人類は算数をつくったのです。

国語も勉強しないといけないね。どうして国語を勉強しなければならないかというと、日本語をちゃんと勉強して、読み書きできるようにならなくてはいけないからです。

このことは、人類がいままで培《つちか》ってきた重い知識を背負って砂漠を歩くことと同じなわけです。まさに忍耐ですね。みなさんはいま、「ラクダの時代」なんですよ。

ほんとうのことを言うと、私は子どものとき、あんまり勉強しなかった。いなかに住んでいて、なにをやっていたかというと、ドジョウすくいばかりやっていた。だから、ドジョウすくいは上手だよ。

だけど、勉強も必要なんだ。

それからどうなるかというと、ラクダが突然ライオンになります。

ライオンというのは批判精神です。

学問をしていると、批判精神を持たないと一人前になれないことがわかってくるのです。

それまで教えられていたことが正しいことだけではないんじゃないか、間違ってることもあるんじゃないか、と考える。

それをニーチェは、「ラクダが突然にライオンに変身した」というふうに言っているわけです。わかったかな？

しかし、ライオンになればいいかというと、それだけでは人生はいけないんだ。批判するだけではダメです。

最後は、自分でモノをつくり出さなければならない。それには、赤ん坊の無邪気さが必要になります。

▼板書の「赤ん坊—創造」を指し示し、赤ん坊の真似をする。

赤ん坊はいつも新鮮な目でモノを見るね。そういう赤ん坊の精神がないと、モノはつくれません。

最後には、モノをつくらなければいけないよ。

人生においては、創造することが大事なんです。

創造の大切さ

学者にも創造が必要です。学者は新しい真理に挑戦して、創造しなければならない。しかし、創造が必要なのは、学者や芸術家にとってだけではないね。人生は、最後はやはり創造ですよ。

この学校の校長先生は、私たちに講義をさせようと考えました。そんなことを考える校長先生はほとんどいないね。そういうことを考えることも、やはり創造の一つですよ。

昨日、おじさんは、とんこつラーメンを食べました。とんこつラーメンはとてもおいしいが、どんなものかみんなは知っているかな。

これはラーメン屋さんが発明したのです。普通のラーメン屋をやっていたんだけど、豚の骨でダシをとるとたいへんおいしいことを発見したんだ。そして、とんこつラーメンが広まった。これは、一つの創造です。

みんなも、最終的には創造の人生を送らないといけないね。

そのためには、勉強はしんどいけど、それに耐えなくてはならない。

勉強を始めると、みんな「頭が痛い」と言うね。

▼頭を抱えて、頭が痛いしぐさをする。

勉強が終わると元気になる。

勉強をするのは、みんなしんどい。それに耐えて、批判精神を持つようになる。そして、最終的には創造する。人生は、そうならないとダメなのです。

創造することは、学者や芸術家だけでなく、学校の先生にも、ラーメン屋さんにも、実業家にも、政治家にも必要です。

そういう人生を終えた人の人生は、立派な人生です。

創造するためには知識が必要です。しかし、いちばん大事なのは、赤ん坊のような新鮮な感受性だよ。

すぐれた学者や芸術家には子どものような心を持っている人が多い。私も子どもの精神を持っている。

みんな、湯川秀樹さんを知っていますか?

▼何人かの子どもたちから「知っている」という返事がある。

知っているね。日本で初めてノーベル賞をもらった人で、中間子理論というのを発見して、量子力学という難しい分野で不滅の功績を上げました。

その湯川先生が、私といっしょに群馬県の高崎市に行ったとき、チンドン屋が通りかかった。先生は目を輝かせて見ていたのです。

▼目を輝かせてチンドン屋を見ている真似をする。子どもたちは大いに笑う。

「チンドン屋がおもしろいんですか」と、私は湯川先生に尋ねました。先生は、「梅原君、チンドン屋は京都にはほとんどいなくなったが、チンドン屋はおもしろいね」と言われて、十五分ばかり、チンドン屋を見ていました。

そのとき私は、湯川先生は子どもと同じような好奇心を持っているなあと感心しました。やっぱり、創造には子どもの心が必要だと思ったのです。

それからもう一人、岡本太郎さん。この間亡くなりましたが、「芸術は爆発だ」と言った人です。みんな知っているでしょう?

▼「芸術は爆発だ」というところで、岡本太郎さんの感じを出す。子どもたちは笑う。

万博公園に「太陽の塔」がありますね。あれは岡本太郎さんがつくりました。

みんなは、縄文時代を知っていますか。

日本の昔の縄文時代に土偶がつくられましたが、「太陽の塔」の顔は、そのハート型土偶の顔にそっくりなのです。

だから私は、岡本さんに、「縄文時代の土偶に影響されて、ああいう顔にしたんですか」と聞いてみました。

そうしたら、岡本さんはどう答えたと思いますか？

「そうだろう、梅原君。縄文時代から僕を真似るやつがいたんだよ」

▼岡本さんの身振り手振りで言う。子どもたちは爆笑する。

おかしいでしょう。縄文時代というのは五千年も昔なのだから、現代に生きている岡本太郎を真似ることはできない。普通は、「岡本太郎が縄文人を真似した」と考えないといけないわけです。

それなのに、「おれは天才だから。天才には、五千年前から真似するやつがいるんだよ」と答える無邪気さ。私は、そういう無邪気さが大好きです。

子どもらしさというのは、やはり創造するための大きな条件ですね。

「赤ん坊」になるために勉強する

みなさんはいま、「ラクダの勉強」をしています。だけど将来は、ライオンにもなり、赤ん坊にもなる。そういうラクダじゃないといけません。

塾に行って、こつこつ勉強しているだけでは硬直した人間になります。最後までラクダです。知識を詰め込むだけでは、自分でモノをつくることはできませんよ。人間の一生においては、やっぱり創造が大事です。

▼硬直した人間の真似をして歩く。

みんな、将来、なにになりますか？

お役人になったり、実業家になったり、あるいはラーメン屋さんになったり、喫茶店の経営者になったりしますね。どんな場合でも、やはり創造が大事ですね。ラーメン屋をやるなら、どうしたらおいしいラーメンをつくれるか考える。とんこつラーメンだけでなく、また新しいラーメンをつくるためには創造が必要です。

みなさんは、まだラクダだから、勉強はしんどい。だけど、将来、赤ん坊になるために、勉強しなければならない。

そういうふうに、私は考えています。

縄文時代と弥生時代

それでは、いま私が、どういうことにいちばん関心を持っているか。残りの時間で、そういうことをお話ししましょう。

みなさんは、歴史はどこまで習ったの？　室町時代まで習いましたか？

▼子どもたちは「鎌倉時代まで」と答える。

日本の歴史の初めは、どんなふうだったかな？

▼「地球の誕生」という答えが返ってくる。

縄文時代は何年前だったかな？

一万二千年前ですね。

縄文時代は、狩猟採集をしていました。魚を獲ったり、けものを獲ったりしていたのです。

▼けものを獲ったり、木の実を採ったりする真似をしながら話す。また、縄文土器を手でかたどったりする。

また、ドングリを採ってきて、すりつぶしてだんごにして、縄文土器に入れました。そこに、山菜やキノコやお魚を入れて食べたのです。

いまの鍋料理です。チャンコ料理ですね。お相撲さんが食べるチャンコ料理、ああいうのが日本の縄文時代の食事だったのです。

ところが稲作が日本に入ってきます。

何年前ごろか知っていますか？

弥生時代の初めに稲作が入ってきたのです。

弥生時代の始まりは、何年前かな？

▼二千三百年前、と答える声がある。

そう、二千三百年前。よく知っていますね。

弥生時代の初めに、日本に稲作が入ってきました。日本は水が多いし、暖かいので稲作に適しています。だから稲作は、たちどころに日本全国に広がりました。

弥生時代は、紀元前三世紀から紀元三世紀までの約六百年ですが、そのあいだに広がったのです。

それから古墳時代になりますが、その時代にも稲作はどんどん広がっていきました。

そして、日本の国ができたのです。

学校のすぐそばに、古墳公園がありますね。あそこは秦氏《はたし》の墓があるから見てください。

秦氏は、桂川の水を取って、このへんに田んぼをつくりました。稲の農耕化をしたのが秦氏なのです。

その秦氏が建てた神社が、松尾《まつのお》大社です。行ってみるといいね。

このようにして稲作が広がりましたが、農業の発展が人類の歴史にとって非常に大きい意味があるのです。

人類の歴史に大きな変化が二回ありますが、知っていますか？

一つは、農業。もう一つはなにかな？
▼「工業」と答える声がある。
よく知ってるね。工業は、明治維新になってからだから、百二、三十年前だね。

四大文明は「小麦と牧畜」の文明

▼このあたりから「四大文明」の話に入り、しばしば教室の前に掛けられている世界地図の該当の場所を指し棒で示しながら授業を進める。また、板書の「四大文明」の箇所を何度も指し示す。

これは「世界地図」だね。日本で使われている世界地図は、だいたい日本が中心に描かれているが、西洋で使われている世界地図はヨーロッパを中心にするから、日本は端になります。

これはアジアで、これがヨーロッパ。アジアとヨーロッパは地続きで、これを「ユーラシア大陸」といいます。

農業が発明されたのは、地図でいうとこのあたり、メソポタミアです。

農業には二種類ありますね。

一つは、小麦農業と牧畜。

小麦は知っているかな。小麦からパンをつくるね。

牧畜というのは、ヤギやヒツジを飼い、バターやチーズや肉を生産します。

この小麦農業と牧畜が、メソポタミアでいまから一万二千年前に発明されました。

食事はパンとバターが中心です。

日本では昔、私たちが子どものときは、お米とみそ汁の食事が普通でしたが、戦後、みなさんはパンとバターを食べるようになりました。ヨーロッパ化してきたのですね。

いままでの歴史では、メソポタミアで生まれたパンとバターの文明がずーっと広がったと考えられてきました。パンとバターに象徴される「小麦農業と牧畜」の文明が、世界の文明の主流だったのです。

小麦農業と牧畜が一万二千年前にメソポタミアで生まれて、そっちこっちに広がり、これが人類の文明の始まりだったのです。

みなさんは、まだ日本史だけで、世界史は中学生になったら勉強することになっていますね。だけど、このくらいのことは、小学生でも知っていたほうがいいですよ。

メソポタミアで発明された小麦農業をもとに、世界に四つの文明ができた。それを「世界の四大文明」といいます。

一つは、そのメソポタミア文明。チグリス・ユーフラテス川が流れている所で、いちばん古い文明です。

ところで、文明とはなにかな？

都市ができる。国家ができる。それから、文字ができる。そういうことですね。

文字は五千年ほど前に生まれました。文字の始まりは楔形《きっけい》文字といって、くさび形の文字です。

そういう文明が、まずメソポタミアに生まれたのです。

少し遅れて、エジプトに文明が生まれます。

ピラミッドとスフィンクスのある所ですね。このピラミッドとスフィンクスが、まさにエジプト文明の象徴です。

ピラミッドは、お墓なんだね。人間は死んでもまだ霊が生きていて、宇宙をさまよっていると思っているから、ああいうピラミッドをつくりました。

スフィンクスは死の世界の番人で、悪魔が死の世界に入ってこないように番をする。

ピラミッドとスフィンクスに象徴されるそういうエジプト文明が、ナイル川流域に生まれました。

もう一つは、インダス川流域の西インド文明。これは跡形もなく消えてしまいました。

それから、中国。

中国には大きな川が二つあります。北のほうが、黄河《こうが》。南のほうが、揚子江《ようすこう》。信濃川や利根川などの日本の大きな川とはまったく違っています。日本でいちばん長い信濃川より、かなり大きく、洋々と水が流れています。

この二つの川のうち、黄河流域で文明が栄えました。黄河の北の流域ですね。

以上が、世界の四大文明です。

もう一度言うから、覚えましょう。

▼板書の「四大文明」のところを、指し棒で何度もたどる。

メソポタミア文明、エジプト文明、西インド文明、北中国文明。

時期は、メソポタミア、エジプト、西インドの三つは、いまから五千年前。中国文明はやや遅れて、三千五百年前におこりました。

日本には、その文明が入ってくるのが遅かったのです。

稲作が入ってきたのが、二千三百年前。都市文明が入ってきたのは七世紀で、京都という都市がつくられたのは八世紀末です。

小麦文明が文明の起源であるという「通説」への挑戦

このように、四つの文明は小麦文明であった、文明の起源は小麦文明であった、というのがこれまでの「通説」でした。

いまでも、黄河流域はだいたい小麦農業をやっています。中国を含めた世界の四大文明はすべて小麦農業の産物であるとされてきたのです。小麦農業と牧畜、パンとバターが一万二千年前に発明され、五千年前にメソポタミア、エジプト、西インドに文明がおこった。それぞれ、チグリス・ユーフラテス川、ナイル川、インダス川の流域になります。

中国で文明がおこった最初は夏《か》です。それから殷《いん》、周《しゅう》と続く。その文明の象徴が「銅器」です。銅器で象徴されるから、この文明は「青銅器文明」と呼ばれています。

この銅器には、怪獣のような文様がついています。

このような四つの文明はみんな、小麦農業を土台にして生まれた。こういう考えが、いままでの学説であった。世界の学者たちはみんな、そう考えていたのですね。

ところが私たちは、「その説は間違っている」という仮説を、世界の学界に対して出そうとしているわけです。

どうしてそういうことを言うかというと、じつは最近、米の農業、稲作農業の起源が、いままで考えられてきたよりもっと古いということがわかってきたからです。南の揚子江流域では、ずっと昔からお米をつくっていたのです。

どうしてそういうことがわかったか。

それは「放射性炭素年代測定」という鑑定でわかってきたのです。放射性炭素年代測定というのは、いろいろな物に含まれている炭素の量を測って年代を出す方法です。木なら木が、いつの時代に生えていたかは、その木に含まれる炭素の量でわかります。

そういう方法を使うと、遺跡も何年前の遺跡かわかる。古墳に土器のかけらがあれば、その土器の炭素の量を測れば、古墳のつくられた年代がわかるわけです。

そういう科学的な研究が進んできたので、米の農業の起源がわかってきたのです。

驚くべきことに、約一万年前に、米の農業が揚子江流域でおこっていたのです。いままで、五千年前と考えられてきましたが、その倍も古かったのです。

米の農業は五千年前に始まったといういままでの説は、まったくダメになってしまったのです。

▼**いままでの学説を信じていた人が取り乱している姿を演じる。**

しかし、科学で明らかになってきたことだからしかたがありません。

中国文明の起源は稲作農業と養蚕

揚子江の下流および中流域で、七千年前、九千年前の遺跡、最近では一万年前の遺跡が発掘されたのです。その遺跡の一つに、おじさんは行ってみました。そうしたら、発掘されたある家の床の下から、キラキラ輝く稲穂が出てきました。家の床下に積んであった稲穂が、ある日、大水が出て埋まってしまったのです。その稲穂を見ると、私たちがいま食べているお米とほとんど同じでした。七千年以上前に、中国では稲作農業が発達していたことがわかります。

それからもう一つ、発掘された土器に蚕《かいこ》の絵が描かれてあった。そして、はた織りの道具がたくさん出てきた。中国にはシルクロードという道があるけれど、まさに中国では、二千年や三千年前ではなくて、七千年から一万年前にすでにシルクを生産していたことがわかったのです。

▼この説明の間、地図で何度も揚子江流域を指し示す。また、稲穂が発掘された様子を身振り手振りで演じる。

もしも、このへんの稲作農業の生産力が高く、非常に発達していたとするなら、この稲作地帯に、必ず都市文明がおこったに違いない。これは、論理の必然なのです。学問には、実証が必要ですよ。しかし、実証だけでなくて、実証と論理の両方でやっていかなければなりません。

私たちは、これだけ豊かな米の農業がおこった以上、必ず都市文明がおこったにちがいない、と論理的に考えました。

良渚の新遺跡

そこでまた、中国に、米の農業が行われていた場所を探しに行きました。

上海《シャンハイ》のちょっと南のほうに杭州《こうしゅう》という所があります。上海は知っていますね。杭州というのは「杭《くい》」の州と書きます。

▼「杭州」と板書する。

中国は日本から近いですよ。北海道に行くくらい近い。そして、食物は安くてうまい。

とくに、杭州は景色がいいですね。白楽天《はくらくてん》や蘇東坡《そとうば》という昔の中国を代表する詩人が、杭州に役人としてやってきて、堤防をつくったりした。そのため、たいへんいい所になったのです。

杭州は浙江省《せっこうしょう》の省都ですが、その近くに「良い渚」と書く、良渚《りょうしょ》という所があります。そこで遺跡が見つかったのです。

だいたい昔の都市というのは山に囲まれている所が多いのですが、良渚も三方が山に囲まれています。

▼良渚の地勢とそこから発掘された遺跡を図示するため、図1のような図を板書する。

川があって、矩形《くけい》の山がある。東西六百八十メートル、南方四百五十メートルだから、そうとう大きい山です。初めは普通の山だと思ったのですが、調べていくと人工の山であることがわかりました。古墳というのはすべて「造り山」、人工の山です。

日本の古墳でいちばん大きいのは、応神陵《おうじんりょう》と仁徳陵《にんとく》で

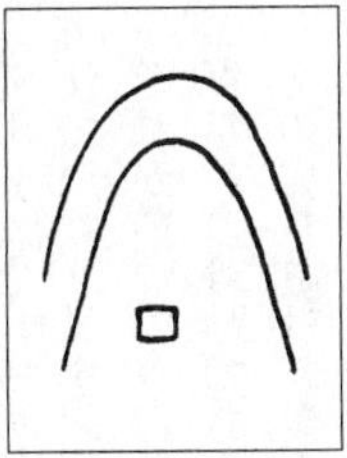
図1

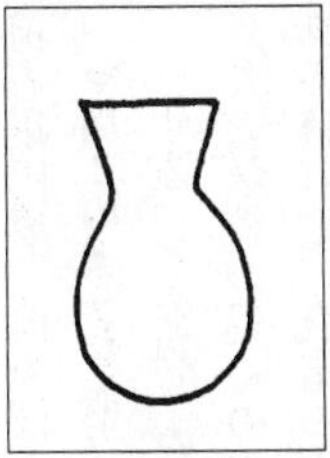
図2

前方後円墳、前のほうが四角で後ろのほうが丸くなっています。

▼図2のような前方後円墳を黒板に図示する。また、以下の説明で「5300—4200」と板書する。この辺りの説明では、板書と動作が多くなる。

この学校の近くの古墳公園の古墳は、もっと小さい円墳だね。いろいろな造り山があるけれど、良渚の古墳は非常に大きい。

「造り山」というのは、土を盛って叩いて固めて、削ってまた叩いて固める、という方法でつくります。

それがいつできたかというと、およそ五千年前、正確には、五千三百年前から四千二百年前の遺跡であることがわかったのです。

その大きさは、秦《しん》の始皇帝がつくった阿房宮《あぼうきゅう》という宮殿とほぼ同じであることもわかりました。始皇帝の宮殿はあんまり大きいので阿房宮と名付けられたのですが、「阿呆《あほう》」という言葉はそこからできたのです。あんまりでかいことをした人を、「あいつは阿呆や」と言うことがあるけれど、それと同じです。

その造り山はどうなっているのだろうか。みんなも知りたいでしょう。胸がわくわくしてくるね。掘ればわかるのですけれども、中国はなかなか掘らせてくれません。しかし、レーザー光線で調べればある程度はわかります。

調べてみると、これは宮殿であると同時に、まつりごとをする所であることがわかりました。

まつりごとは、政治のことです。また、祭ることでもあります。だから、政治と神事は同じことなのです。

▼図3を描き、神事を担う人と政治を担う人が、同じ墓の中の前後に別々に埋葬されていたことを説明する。

この古墳の後ろのほうに王様の墓があるのは確実だと思います。ところが前のほうにも墓があることがわかって、こちらのほうはどうも女の人の墓らしい。だいたい神事は、天皇の女のきょうだいが中心になって行い、政治は男が取りしきっていたのです。

良渚の丘には、八メートルぐらいの土塁の上に、また七、八メートルの土塁があって、二重の構造になっている。上の方は崩れたが、土塁が、大きい丘の上に三つあります。これはなんだろうか。これを明らかにしたい。

▼図4のような土塁を黒板に描き、その後、上の土塁を手

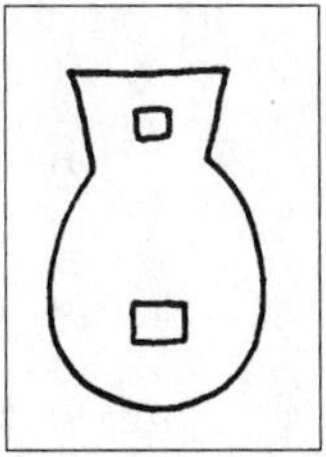

図3

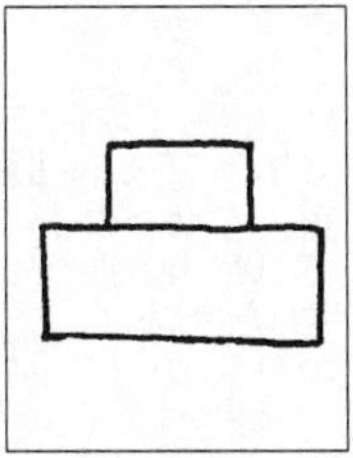

図4

で消して説明する。

この丘の近くに、別のお墓が見つかりました。どうも王室のお墓らしい。そのお墓から、玉《ぎょく》が見つかったのです。

玉は、だいたい翡翠《ひすい》ですね。西洋でいちばん価値の高い宝石類は、ダイヤモンド以外では金銀ですが、東洋では金銀を大事にしないで、玉、翡翠を大切にした。

日本でいうと、勾玉《まがたま》ですね。これは飾り道具であると同時に、魔除《まよ》けでもあります。良渚の一つのお墓から、玉がたくさん出てきました。超一級の玉が二百個ぐらい出てきた。いろいろな種類の玉が出てきたが、真ん中に穴が空いた「璧《へき》」という玉もありました。

「完璧」という言葉がありますね。「璧」の完全なものがいちばんいい物であるとされたことから、「完璧」という言葉が生まれたのです。

それから、「琮《そう》」という四角い筒型の真ん中を丸くくり抜いた物や、「鉞《えつ》」という玉もありました。

鉞というのはまさかりの形で、王様の印でした。

▼図5のような「璧」の形を板書する。続いて、図6を板書し、まさかりから「王」という字ができた由来、「王」と「玉」との字の違いを説明する。

「王」という字は、まさかりの形からつくられたのです。

「玉」という字は、その「王」という字からできたのです。

だから、お墓の中で、まさかりを持っている人は王様です。

「王」に丸い点が付いて「玉」になったが、この丸い点はお金に似ているから、玉を持っている人はお金持ちということになります。

丸と四角を組み合わせた形の玉を持っている人は、宗教に関係ある人です。

このように、お墓の中の持ち物によって、その人はどういう人だったかわかるのです。

良渚のお墓からは、超一級の玉が出てきました。ほんとうに美しいもので、感心しましたね。その中に、不思議な玉がありました。透明ではないのですが、中の丸い部

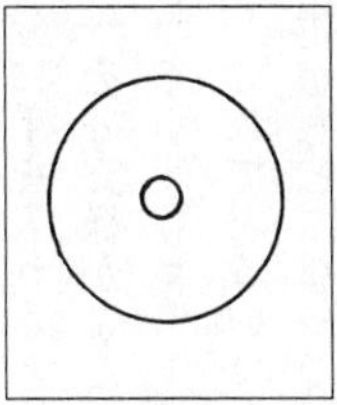

図5

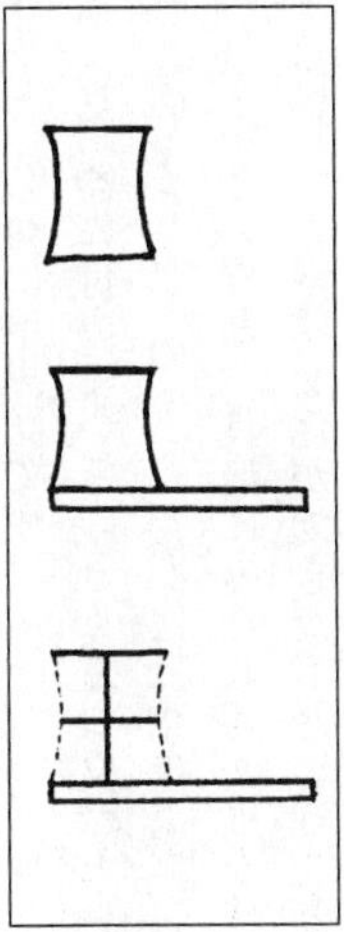

図6

分に手を入れると透けて見える。じつに不思議です。

その文様がまたみごとで、青銅器に付いている「とうてつ文」という文様と同じものです。「とうてつ文」は難しい字を書くので、名前だけ覚えておいてください。

これでどういうことがわかるかというと、良渚にみられるようなすばらしい玉器文化がもとになって、それを真似して青銅器文化ができた、ということがわかるのです。「とうてつ文」は、顔は人間の顔と獣《じゅう》の顔と二つあって、人間と同じように目玉が二つあって、足は鳥の足になっている。人が虎のような獣の力を持ち、天高くのぼっていく。それが昔の人間の理想だったのです。

虎やライオンのような強い力をもつ獣に憧れるのは、いまも同じですね。プロ野球のチーム名が、ジャイアンツ、ドラゴンズ、タイガースなど、みんな強そうな名前になっています。

人間というのは、みんな強い者になりたい。それで、人間と動物や鳥などがミックスしたものを考えた。だから、そういう玉の文化が出てきたのです。

▼玉の文様を説明するときは、子どもがイメージしやすいよう身振り手振りを交える。ここで授業の終わりのチャイムが鳴る。

時間がきたので、結論を言います。

私自身の創造

中国の発掘は、いまちょっと止まっています。これからまた発掘しようと中国政府と交渉していますが、なかなか了承を得られません。なんとか突破したいと思っています。

ところで、京セラの稲盛和夫《いなもりかずお》さんという人を知っていますか。稲盛さんに発掘調査のための費用を援助してくれるようお願いしました。「いくらかかりますか」と聞かれましたので、「一億五千万円」と答えましたら、一分考えて、「出しましょう」と返事をされた。

稲盛さんも一緒に中国へ行きましたが、すごく硬い玉がみごとに磨かれているのを見て、非常に驚かれました。昔の中国は、近代科学でも考えられない立派な技術を持っていることがわかったのです。

玉にとうてつ文が彫られているのですが、それが浮き彫りになっている。そういう技術をすでに持っていたことになります。

これはおもしろいことですね。そういう技術を持っていたとは考えられないような所に、近代科学も顔負けするような技術があったのかもしれないからです。

こういうことを証明するために、今年の秋からまた発掘をしたいと思っています。

私は、今年もう七十一歳です。まだこの間まで小学生だと思っていたけれど、もう六十年ほど経って七十一歳になりましたが、まだそういう情熱を持っています。死ぬ前に、必ずこれを明らかにしたいと思っています。

そして、もしこれが明らかになるとどうなるか。

中国についての見方が変わるのです。

中国文明は黄河流域でおこった、というのがいまの学界の定説です。ところが、良渚の発掘が成功すれば、黄河流域に文明がおこった三千五百年前よりさらに二千年ほど前に、揚子江流域で中国文明はおこっていたということになる。つまり、世界の歴史が大きく変わってしまうのです。

それからもう一つ、世界の文明は小麦農業と牧畜の生産を土台にして生まれたという定説があります。これもちがう、ということになる。稲作農業もすばらしい文明を生んだことになるのです。

このことは、みなさんを含めた東アジアの人たちの大きな自信になると思います。最近の、東アジアの発展はすばらしい。日本を中心に、韓国、タイ、シンガポール、そして中国本土など、すばらしい勢いで経済発展をしていますが、その自信をさらに強めると思います。

そういう「仮説」に挑戦していますが、これは私の「創造」なのです。

みなさんは、いまは勉強がしんどい。しんどいに決まっている。それはいま、ラクダの時代に生きているからしんどいのです。

しかし将来は、ラクダに留《とど》まらず、ライオンになり、最後には赤ん坊になってほしい。私はそういうふうに思っています。

これで私の話を終わります。

宮沢賢治

山折哲雄

授業の内容

◆宮沢賢治を知っているか?
◆宮沢賢治の故郷・花巻
◆三つの童話に共通するテーマ――風
◆『風の又三郎』における風の音
◆風が吹いてきて物語は始まる
◆二つの自分――ジョバンニとカンパネルラ
◆宇宙の音を聞いた賢治
◆なんにでもなろうとした賢治の生き方

＊一九九六年七月九日
京都市立桂坂小学校六年三組

宮沢賢治を知っているか？

今日はね、宮沢賢治の話をしようと思っている。

▼「やっぱり」と子どもたちの声。

やっぱり？

▼「予想どおりだ」と子どもたちの声。

どうして予想どおりなんだ？

国語の教科書の下巻の最初に出てくるよね、「やまなし」っていうのが。これはもう習ったかい？

▼「習っていない」と子どもたち。

まだ習っていないか。しかし、賢治の作品はみんな読んでいるだろう？　一つくらい読んだことのある人は、ちょっと手を挙げてみて。

▼パラパラと子どもたちの手が挙がる。
半分くらいか。いや、半分も読んでいないか。
それでは、名前を聞いたことのある人は手を挙げなさい。
▼クラスの全員が手を挙げる。
それじゃあ、宮沢賢治という名前は全員知っているわけだ。

宮沢賢治の故郷・花巻

僕は洛西《らくさい》ニュータウンという所に住んでいます。そういう意味では、桂坂小学校とは隣近所のつきあいだな。

いまは京都に住んでいますが、僕の育った所は、岩手県。岩手県の花巻《はなまき》という所。
▼「岩手県　花巻」と板書。
岩手県って、どこだか知っている？
▼「東北地方」と子どもたちが答える。
東北のいちばん北が青森県。その下は？
▼「秋田県の隣。右下」と一人の子どもが答える。

その、岩手県という県のど真ん中に花巻市という所があります。内陸地方、盆地だね。東北新幹線が走っている。

その花巻というのは、宮沢賢治の生まれた所です。

それは知らなかった？

花巻で宮沢賢治は生まれているんですよ。

▼**「宮沢賢治」と板書。**

僕の育った家は、その花巻にあるんだけれども、その家から二百メートルくらい離れた所に宮沢賢治の生まれた家があった。

それで、宮沢賢治のいちばん下の妹さんが、僕の育った家のすぐそばの洋品店にお嫁にきていた。その洋品店のおかみさん、賢治のいちばん下の妹さんの子どもが、僕の学校の友だちだった。だから放課後よく遊んだ。けんかはしなかったけどね。

家族同士、近所づきあいをしておりました。ですから、賢治さんの実家の方々とも、うちの家族は比較的親しくつきあっている。そういう関係です。

ですから、子どものころから宮沢賢治のことをいろいろ聞かされて育ったな。

宮沢賢治の童話の中に「イギリス海岸」という地名が出てくる。聞いたことはないかな？

イギリスというのは英国のイギリスだよ。

盛岡と花巻の間を北上川という大きな川が流れている。その川の、ある場所が、イギリスの国の形と非常によく似ているというので、その場所を「イギリス海岸」と名付けたんですね。ほんとうはそうじゃなかったんだけど、僕はそう思っていた。

僕らは子どものころ、「イギリス海岸に行こう」と言って、遊びに行ったものです。とくに夏場になりますとね、そのイギリス海岸という所が、水泳場になっている。

いま、諸君は学校のプールで泳いでいるでしょう。僕ら田舎の者は、昔は川に行って水浴びをした。僕らは水泳のことを「水浴び」と言った。

そのイギリス海岸という北上川のその場所はね、もう一つの猿ケ石川という小さい川と合流している場所なんです。ですから、川の流れが変化するのです。暖かい川の流れと冷たい川の流れが入り交じっている。

そういう点で、ちょっと危険な場所なんですね。よく水泳をしていて溺れる人間がいました。

ある夏、僕もそこへ遊びに行った。まだあまり水泳をおぼえていなかったときです。

そのころ、水泳ぎの下手な人は白いふんどしを着けた。いまのような格好いいパンツなんてはかないよ。昔はふんどしだ。水泳ぎの上手な人は赤いふんどしをしている。

そうすることで、遠くから見て、あれは初心者だ、こちらは上手だ、ということがだいたいわかるわけです。僕は下手だから、白いふんどしをしてイギリス海岸に行った。そのとき、川と川の合流する所に、すーっと行ってしまった。ふっと立ったら、足が下に着かなかった。それで慌てふためいて、僕は溺れてしまった。水をガブガブ飲んで、浮かんだり沈んだりした。ハッと気がついたときには、助けられていた。

怖いんだ、水浴びをするということは。

ところがね、不思議なことに翌日から水泳がきちんとできるようになった。溺れた翌日から、水泳ぎが平気でできるようになった。あのとき、一度失敗すると上手になる、ということをからだでおぼえたね。

そういう子どものころの怖い体験と宮沢賢治の記憶が、僕のからだの中で一体になっているんです。

三つの童話に共通するテーマ——風

それで、賢治のことなんだけれどね、宮沢賢治はたくさんの詩を書いている。それから、たくさんの童話を書いている。

今日は、その童話の中で、三つの童話についてちょっとふれて、話をしようと思っています。

一つはね、諸君もみんな知っていると思うけれども、『風の又三郎』。

知っているでしょう?

▼「風の又三郎」と板書。

二番目はね、『注文の多い料理店』。これも有名な童話だ。

最後は『銀河鉄道の夜』。これもよく知られている。

これらは、宮沢賢治の代表的な三つの童話です。

ところが、この三つの童話『風の又三郎』と『注文の多い料理店』とそれから『銀河鉄道の夜』にはね、共通する問題が出てくるんです。なんだと思う?

それはね、風がものすごく大きな役割を果たしているということ。この三つの童話の中心的な大問題は「風」だということです。

▼「風」と板書。

宮沢賢治と風とはいったいどういう関係にあるのだろうか。

宮沢賢治は風の音を聞いて、ただ風を感じていただけではないんです。そこのところを、宮沢賢治の人間と作品をとおして考えてみよう。

この桂坂だって風が吹く。夏の風、秋の風、冬の風、みんな違う風が吹くでしょう。僕らはただぼんやりと「あっ、風が吹いている」と思うだけかもしれない。だけど、宮沢賢治はそうではなかったな。春夏秋冬、それぞれの季節の風の中に、風の音の中にいろいろな物語を感じとった。風が吹くと賢治はまるで別人のようになる。詩人になる。文学者になる。童話作家になる。宗教家になる。自然科学者になる。

『風の又三郎』における風の音

『風の又三郎』という童話の一番最初に出てくる詩があります。

「どっどど　どどうど　どどうど　どどう、
青いくるみも吹きとばせ
すっぱいかりんもふきとばせ
どっどど　どどうど　どどうど　どどう」

これはいったいなんだろう。「どっどど　どどうど　どどうど　どどう」。そう書いてある。

風の音だよね。風の音。風の音が鳴って、物語が始まる。

高田三郎という、諸君のような少年が、どこからともなく山の小川の岸にある小さな小学校にやってくる。そこから物語が始まる。

昔、宮沢賢治のこの『風の又三郎』というのは、映画になったことがある。映画になったとき、この最初の「どっどど　どどうど　どどうど　どどう」というのを作曲した人がいる。

それが、その後、テレビで放映されたりして、だいたい一般化しているのね。知らない人もいるだろうけれど、僕が言ったのは、当時の作曲家が作った風の音の歌い方なんですよ。「どっどど　どどうど　どどうど　どどう」。

ところがね、宮沢賢治は、自分が先生をしていた花巻農学校という学校の教え子に、風の音はこういうふうに鳴るんだということを手紙に書いている。

その手紙によると、「どっどど　どどうど　どどうど　どどう」というのがね、「どっどど　どどどう　どどどう　どどどう」というふうに書いてある。違うでしょ。「どっどど　どどどう　どどどう　どどどう」。すごい音だ。

賢治はあの『風の又三郎』という作品を書くときに、風のものすごく力強い音を聞きながら書いた、と僕は思ったね。

その田舎の、山の川の岸にある小さな小学校に、高田三郎というヘンな子がやってくる。

赤い髪の毛をしている。ダブダブのネズミ色の上着を着ている。白い半ズボンをはいている。真っ赤な靴をはいている。顔はリンゴのように熟してまん丸い。目ん玉はまん丸いけれども真っ黒だ。そして、じっと黙ってなにも言わない。

高田三郎という子どもは、風の又三郎だ、風の子だ。どこからともなくやってきた、不思議な子なんだね。

その教室には、一郎という子どもと嘉助《かすけ》という子どもがいる。その二人が高田三郎と約束をするんだ。

「今度、山に行って遊ぼうじゃないか」と。

約束をして待ち合わせて、三人で山の中に入っていく。

そうすると、馬が七頭繫《つな》がれている。

そこで一人が、その馬に近づいていって脅かすんだ。馬が、どーっと走り出す。高田三郎と二人の友人の三人が一緒になって、その馬を追いかける。

そのうちに嘉助が、友だちとはぐれてしまう。そして馬はどこかへ行ってしまう。高田三郎もどこに行ったかわからなくなってしまう。

嘉助は疲れて、地上に倒れ込む。眠くなったのか、その場で眠ってしまう。

嘉助は不思議な夢をみる。山男のような人間が出てくる夢だ。どれくらい、時間が経《た》ったのだろう。やがて気がついた嘉助は自分の家に帰っていく。

一週間ぐらい経って、彼らはだんだんと仲良しになるけれど、十日ぐらい過ぎた段階で、高田三郎がどこともなくいなくなってしまう。どこへ行ったのかもわからない、要するにいなくなってしまう。転校してしまうんですね。

それだけの話です。

『風の又三郎』という童話の主人公は、高田三郎という、たんに転校してきた少年なのか、それとも風の精なのか。

風の精というのは風の魂です。人間ではなくて、風という目に見えない命なのかもしれない。そのへんのところがよくわからない。

『風の又三郎』は、風の音を聞いた宮沢賢治が、そういう風の精の世界を感じとって、一気にドラマにした作品だと思います。

▼「風の精」と板書。

花には花の命があるでしょう？　草にも草の命がある。同じように風には風の命がある。風の命のことを風の精という。そうなると、この作品の主人公は、「風」そのものの命ということになるのかもしれません。

風が吹いてきて物語は始まる

第二番目の童話は、『注文の多い料理店』。

▼「注文の多い料理店」と板書。

この童話もね、風が吹いて物語が始まって、風が吹いて物語がさっと終わるんです。最初はね、二人の紳士が山の中を歩いている。二人は鉄砲を持って猟に出かけるんです。彼らは獲物を撃ち殺してとろうとして、鉄砲を持って、二頭の犬を連れて歩いている。ずーっと山の中を歩いていくと、さーっと風が吹いてくる。ハッとして後ろを振り返ると、そこに立派なレストランが現れている。

いま山の中を歩いてきたときには、レストランもなんにもなかったんです。彼らは一生懸命獲物を探していたわけです。ところが、風が吹いてきた途端に、そこに忽然《こつぜん》と料理店が現れる。

その扉を見ると、「どなたもどうかお入りください。決してご遠慮はいりません」と書いてある。

そこで二人は、扉を開けて中へ入っていく。

すると、また次の扉があるんですね。

その扉のところに、「ことに肥《ふと》ったお方や若いお方は、大歓迎いたします」と書いてある。「おお、歓迎されているんだな」と思って、また次の扉を開けて中に入る。

そうすると、また次の扉に、「鉄砲と弾丸をここへ置いてください」と書いてある。

そこで二人は歓迎されているんだから言われたとおりにしようと思って、鉄砲を置き、弾丸を置きます。

そこから中にもっと入ろうと思って前を見ると、また扉になにか書いてある。「どうか帽子と外套《がいとう》と靴をおとりください」と。しかたがない、言われたとおり、外套を脱ぎ帽子を脱いだ。

そしてまた次の部屋へ入っていく。

すると、「ネクタイピン、カフスボタン、眼鏡、財布、その他金物類、ことに尖《とが》ったものは、みんなここに置いてください」と書いてある。おかしなことを言うなと思いながら、しかし歓迎されているんだし、これからおいしい料理が出されるんだろうと思うから、言うとおりにして、またその扉を開けて中に入っていく。

今度は、「壺《つぼ》の中のクリームを顔や手足にすっかりぬってください」と書いてある。顔だけじゃないんですよ、からだ全体にクリームをぬりなさいと。二人は言われたとおり、そばにあるクリームをすくってからだ全体にぬる。

さて、次の扉を見ると「中に入れ」とあるので、中に入っていく。すると、そこには塩壺がある。「どうかからだ中に、壺の中の塩をたくさんよくもみ込んでください」と書いてある。

さあ、おかしなことになってきたな、と二人の紳士はようやく気づく。どうも、ここの料理というのは、だれかが自分たち二人のために出してくれるのではなく、自分たちが料理されて食われてしまうのではないだろうか、という不安に陥《おちい》るわけですね。

ハッとして、向こうの扉の鍵穴を見ると、向こうから青い二つの目玉がジッとこっちを見ている。

そうだ、自分たちは食われるところなんだ！

そりゃそうですよ、持っている物を全部はぎとられ、からだ全体にクリームをぬって、それで頭の上に塩をかぶっているんですから。ちょうどおいしく料理が仕上がろうとしていたわけだ。

自分たちは食われるんだ、と二人は大慌てに慌てる。慌てて、その料理店から脱出しようとして騒ぎ立てる。

すると、そこへ自分たちが連れてきた二頭の犬がさっと入ってきて、吠《ほ》え立てるんですね。その声で、途端に料理店がさっと消えてなくなってしまう。

見るとそこは丘の上で、素っ裸になった二人の紳士がブルブル震えていた。ネクタイとかカフスボタンとか外套とか帽子が、近くの木にぶらんぶらんと下がっている。狐にだまされたみたいな話だな。ハッと気がついたときに、さっと風が吹いてきた。

さっと風が吹いてきて、その『注文の多い料理店』というお話は終わるんです。

どうだい？

▼子どもたちはうなずいている。

この『注文の多い料理店』というのは、人間のほうが食われるかもしれないというミステリーの話なんですよ。当時、宮沢賢治という人は、こういうおっかない話を考えていた。それを童話にした。

ところで、そういう神秘的なおっかないお話、化け物屋敷みたいな料理店ということを、なぜ宮沢賢治は考えついたのかな。

それはね、風が吹いてくると、宮沢賢治の想像力がそのように変化していく。広がっていく。突拍子もないことが現れてくる。頭の中にね。

『風の又三郎』もそうでした。風が吹いて、高田三郎というヘンテコリンな少年が現れてくる。そして、風が吹いてその少年がどこか知らないところにいなくなってしまう。その間の幻想のような時間の中で、子どもたちがその高田三郎という風の精のような少年と遊びほうける。そういうお話だったんですね。

二つの自分――ジョバンニとカンパネルラ

三番目は、『銀河鉄道の夜』。

▼**「銀河鉄道の夜」と板書。**

『銀河鉄道の夜』というお話には、ジョバンニという少年とカンパネルラという少年の二人が出てくる。

▼**「ジョバンニ　カンパネルラ」と板書。**

とっても仲のいい友だち同士ですよ。

ジョバンニのお母さんは、病気になっている、家で寝ている。お父さんはどこか出稼ぎに出ていて、家にはいない。だから、家事の手伝い、食事の世話、それからお医者さんに行って薬をもらってくる仕事など、全部ジョバンニがやらなければならない。

そのようにして、毎日、一生懸命働いている。

あるお祭りの晩、ジョバンニは街を通り抜けて丘に登っていく。松の林、楢《なら》の林をくぐり抜けて、ずーっとどこまでもどこまでも歩いていく。

すると、高いところに出るんですね。満天の星が輝いている。地上を遥《はる》か見おろすと、街の明かりがあちらこちらに見えている。まるで龍宮城のような世界。

そのうち疲れて、その丘の草の生えている所に仰向《あおむ》けになって寝ころがるジョバンニ。

すると、そこに風が吹いてくる。

ざわざわっと風が吹いてきたとき、天上の彼方《かなた》から列車の走る音が聞こえてくる。

この『銀河鉄道の夜』という童話でも、風が吹いて物語が始まるんです。やがて、天上の世界がジョバンニの目の前に現れてくる。宇宙・星の世界が現れてくるだけではなくて、その宇宙の彼方から汽車の走る音が聞こえてくるわけです。

気がつくと、自分が汽車に乗っている。

自分のそばには、親友のカンパネルラが座っている。親しい友人と一緒に宇宙の旅をすることができるのだと思って、最初のうちはジョバンニも喜んでいたんだけれども、だんだんその汽車が進んでいくにしたがって、様子がおかしいことに気がつく。

どういうふうに様子がおかしいか。カンパネルラがどうも元気がない。死んだ人間のように元気がない。だんだんに力が弱っていくような感じがする。どうしてなんだろう、それがよくわからない。

列車がどんどん進んで行くと、鳥捕りという奇妙な男が乗ってくる。たくさんの鳥を捕って職業にしているおじさんだ。そのおじさんというのがヘンテコリンな顔をしている。この世の人のようには見えない。たくさんの死んだ鳥を担いでいる。気味が悪い……。

外を見ると十字架が見える。十字架のそばにお墓が見える。どうもここは死者の国のようだという気がしてくるんですね、ジョバンニには。

賛美歌の声が聞こえてくる……。

そうすると、今度はですね、その列車の中に二人のきょうだいと一人の青年が入ってくる。お姉さんと弟のきょうだいと、その二人のきょうだいの家庭教師をしている青年が、三人で入ってくる。

いろいろ話をしているのを聞いていると、地球では大きな船が難破して乗っていた人間が海に投げ出された。それが、そのきょうだいと青年なんだ。難破して死んでしまったんだな。で、天上に送り届けられるところで、たまたま銀河鉄道に一緒に乗り合わせた、ということだった。

もう死んじゃっている彼らは、だけど生きている人のように話している。

銀河鉄道の列車の旅をしていくにつれて、生きているこのわれわれの世界が、だんだんに死者の世界に近づいていく。

そういう感じになるんですね。そのへんの光景の変化を宮沢賢治はじつにうまく表現しています。

僕の下手な解説を聞いてもらうよりも、『銀河鉄道の夜』という童話を読んでもらったほうがよくわかります。

そうしているうちに、いよいよ終着駅が近づいてくる。終着駅が近づいてきたその最後の段階で、ふっと横を見ると、友人のカンパネルラの姿が見えなくなっている。

あの世へ行ってしまったんですね。

気がつくと、ジョバンニは、地上に戻されている。先ほどの丘の草むらの上に横たわっている自分を発見する。

ハッと気がついて目を開けると、風がさーっと吹いてくる。そしてこの『銀河鉄道の夜』というお話は終わるんです。

風がさっと吹いてきて、宇宙の物語が始まる。この世からあの世へ行く列車の物語が始まる。その列車の中に、親友二人が乗っている。そのうちの一人は、ついに死んであの世へ行ってしまう。が、自分ジョバンニは、この世に帰るんです。

そういう物語です。悲しい物語です。

宮沢賢治っていう人は、結核を病んでいた。からだが非常に弱かった。血を吐いて、しかし血を吐きながら詩を書き、童話を書いていた人です。

自分の命がやがて終わるであろうということを予感していた。自分の死ということを予感しながら生きていた人ですね。そういう自分の切実な体験から生み出されたのが、この『銀河鉄道の夜』という物語ですよ。

ひょっとすると、ジョバンニは宮沢賢治であり、カンパネルラも宮沢賢治自身である。自分のからだの中に、死んでいこうとしている部分と生き返ろうとしている部分と二つある。そういう自分の中にある二つの自分を、ジョバンニという少年とカンパネルラという少年二人に分けて表現している。そうも考えられますね。

そういうきびしい世界を、宇宙の旅をする銀河鉄道の童話に仕立て上げたところが、宮沢賢治の、詩人としての、童話作家としてのすごいところなんです。

しかも、そういう物語が、風が吹いてきてはじめて展開し始めるというところが、おもしろいのではないでしょうか。

宇宙の音を聞いた賢治

話は少し変わりますけれど、ヨーロッパのドイツにプランク研究所という国立の研究所があります。これはすごい大研究所です。第二次世界大戦前から、優れた物理学者や自然科学者たちが研究をしていた機関です。あの相対性理論という真理を発見したアインシュタインも、このプランク研究所で研究していたことがある。正確に言うと、「マックス・プランク学術振興協会」という名前です。私たちがいる国際日本文化研究センターなんかより遥かに規模のでかい研究所です。ノーベル賞の受賞者が、このプランク研究所からたくさん出ている。ドイツが世界に誇る研究所ですね。

その研究所が、宇宙の天体がいろいろな音を出しながら運行しているということで、それをテープに録音したものを発表したことがあります。

太陽も木星も土星も、いろいろな音を出しながら宇宙を巡っているわけです。天体というのは、自分自身が回転しているでしょう。それから太陽の周りをずっと回っているでしょう。その自分自身が回ったり、太陽の周りを回ったりしている土星とか金星とか火星という惑星は、いろいろな音を出しながら運動しているわけです。それが電波のかたちで出ている。

その太陽や土星や木星の電波を集めて、それを音に転換してテープに編集したものがある。それを僕はある所から借りて、聞くことができた。

太陽というのは、「シュッシュ、パチパチ」という音を立てて動いているな。「シュッシュ、パチパチ」と。

それから、小鳥がさえずるような音を出して動いている星もある。風のような音を出して運動している星もある。いろいろな音を出しながら宇宙の天体っていうのは動いているんだなってことが、そのテープを聞いているとわかる。

ずーっとその音を聞いていると、その中に蒸気を出しながら列車が走っているような音が聞こえてきた！

その音を聞いたときに、ああ、宮沢賢治は宇宙の天体が出している音を聞くことができた人かもしれない、と思った。

私は聞くことができませんよ。宇宙の太陽が出している、木星が出している音……そういう音を僕はよく聞きとることはできない。

だけど、宮沢賢治という人は、普通の人間以上の鋭い感覚を持っていた詩人かもしれない。宇宙の音を聞くことができたんだ。

とくに風が吹くような晩、風が激しく吹きつけるような嵐のとき、宇宙の彼方からのいろいろな音を聞くことができた。

そういう体験がまずあって、それで、『銀河鉄道の夜』なんていうお話をつくり出すことができたのかもしれない。

なんにでもなろうとした賢治の生き方

花巻という所はね、とても寒い所なんです。

京都も寒い。京都の中でもとくにこの桂坂は寒い。京都市内と比べると二、三度くらい違うかな？　冬になると洛西ニュータウンからここまで通ってくるだけでも震え上がる。

だけど、その京都よりももっと寒いところが、花巻。真冬、一月から二月にかけて、これはほんとうに寒くなる。

　子どものとき、僕はこういう経験をしたことがある。

卵の黄身が凍ったことがあるのです。みなさん、家に行くと、冷蔵庫があって、そこに卵を入れているでしょう。適当な温度で冷やしてあるから、卵が凍るなんてことはないでしょう。だけど、僕が子どものころ、もう五十年も昔の話だけど、そのころは冷蔵庫なんてものはない。卵は土間に置いていたんですよ。そうすると、一月、二月のころはもうカンカンに凍ってしまう。だから砕いたもんです。黄身が凍る。そういう寒い所なんだな、花巻っていうのは。

宮沢賢治は、晩年、その花巻の街で、真冬になると「寒行《かんぎょう》」という修行をしていた。

寒行というのは、寒い行と書く。
▼「寒行」「修行」と板書し、「行」の一字を指して次の説明をする。
行《ぎょう》というのは修行のことです。これは、諸君にはちょっと難しいかな？

比叡山《ひえいざん》では、お坊さんがいろいろな修行をしていますね。里に下りてこないで、お堂にこもって念仏を唱えたり、あるいは山から山を歩いたり、頭から水をかぶったり、食事を一切断ったりして、きびしい修行をしています。

宮沢賢治は、法華《ほけ》経の信者になったんですね、日蓮《にちれん》宗の信者になりました。それで、冬になると、「南無妙法蓮華経」という題目を唱えながら町を歩いている。からだは結核でボロボロになっている。ボロボロになっているけれども、毎日のように寒行することをやめなかった。

冬の寒い雪の降る晩、風が吹いている。その風の音を聞きながら修行していた。修行をしているけれども、風の音を聞きながらいろいろなことを宮沢賢治は想像していたんだな。

先ほどから話していますが、宮沢賢治は詩を書いている詩人でしょう。童話も書いているから童話作家でしょう。

それから、農学校の先生をしていた。お百姓さんたちに、どう肥料をやったら稲がきちんと育つか、たくさんの稲の収穫を得るにはどうすればいいか、そういう指導もしていた。だから農業指導者だ。

星のこと、天体のことを非常によく知っていた。

山登りも好きだったな。山へ行っていろいろな鉱石を掘り出して、それを研究している。

なんでもやった人だ、宮沢賢治は。

だけど、結婚はしなかったな。結婚はしなかった。

たった一人で生きて、それで詩を書いて、それから学校の先生をして、宇宙のことを考えて、人のためになんとかなろうと努力した。それで一生を終わった人だ。

諸君はこれから小学校を卒業して中学校に入り、高校生か、大学生を経て、どれか一つの技術を身につけて専門家になるかもしれない。

科学者になろうと思っている人がいる。学校の先生になろうと思っている人もいるだろう。看護師さんになろうと思っている人がいるかもしれない。会社員になるかもしれない。なにかになろうとしているでしょ？

だけど、宮沢賢治はそのなにかになろうとはしなかった。なんにでもなろうとした。これはすごいよ、人間の生き方としては。

僕はついに教師にしかなれなかった。その他のものにはなれなかった。

しかし、ほんとうの自分の心の中を振り返ってみるとね、あれもやってみたい、これもやってみたいと思っている。だけど、それら全部を諦めざるを得なかった。普通、人間はそうやって諦めて生きているんですよ。

あなた方のお父さん、お母さんを見てごらんなさい。なかなかいませんね、賢治のようなそんな人は。

あれもやりたい、これもやりたい、そんな贅沢《ぜいたく》なことをやることはできないのです、現実の人間は。

だけど、宮沢賢治は、なんでもやろうとした。

なんでもやろうとして、なんにでもなろうとした人間だった。

その賢治がひとたび風の音を聞くと、想像の世界が次から次へと現れてきた。このほうが断然おもしろかったんですね、想像の世界に生きていることのほうが。

▼授業終了のチャイムが鳴る。

じゃあ、ちょうど時間になったから、終わります。

みんなもね、これから風の音をきちんと聞いてごらんなさいよ。

桂坂に吹く風というのはいろいろあるだろうと思う。その風の音を聞きながら、自分がいったいなにになるんだろう、と考えるのもよし。また、ひょっとすると、その風の音の彼方からおもしろい物語が見えてくる、見たことも聞いたこともないようなお話が現れてくるかもしれない。

そのとき、君たち自身が宮沢賢治なんだよ。

これで、終わろうか。なにか質問はないかな?　言いたいことはないか?

それじゃ、これで終わろう。

道徳

河合隼雄

授業の内容

◆「道徳」の時間
◆足の裏から息を吸って、口から吐く
◆記念碑はなぜ建てられたか
◆命を助けるということ
◆助ける人・助けられる人
◆心と心が通じる
◆心の中で想像する
◆命の大切さを学ぶ

＊一九九六年七月十一日
京都市立桂坂小学校六年一組

▼体育館に、子どもたちは体操着姿で座っている。

まず「河合隼雄《はやお》」と板書する。

読めますか。

▼子どもたちは「ハーイ」と返事する。

「隼雄」というのは、少し変わった名前でしょ。しゃべるのは速いし、ご飯食べるのもうーんと速い。さっき、校長先生と一緒にご飯を食べてましたら、僕が食べ終わったとき、校長先生はまだ半分くらいでした。しかし、走るのは遅いです。

「道徳」の時間

今日はなんの時間か知っていますか？

▼「道徳」という答えが返ってくる。

道徳の時間に、どうして体操の服装をしてきたかわかりますか？

▼「わかりませーん」と子どもたち。

だんだんわかるようになってくると思います。

みんな、これまで道徳の勉強をいろいろしてきましたね。道徳の時間が好きな人、手を挙げてみて。

▼十数人が手を挙げる。

嫌いな人はいるかな？

▼数人が手を挙げる。

道徳ってどんなことするの？

▼「テレビを見て感想を書いたりするの」と答える子どもがいる。

算数なら、足したり引いたりすることを習うでしょ。道徳の時間には、どんなことを習うの？

▼「ハーイ」と言って立って答えようとする子に、先生は「座ったままでいいよ」と制する。子どもは「からだのこと」と答える。

それから、ほかには？

こんなことしてはいけませんよ、なんてことを習わなかった？

▼「人を思いやること」という子どもの声。

そう、思いやりを習ったね。

みんな、電車に乗ったとき、年寄りの人が来られるときがあるね。そのとき、パッと立って自分の席をゆずれますか。

うまくいかないときない？

▼「あるー」という子どもの声。

ゆずったほうがいい、と考えとしてはわかっているのに座っているね。

なんでやろ？

▼「楽したい」という子どもの声。

そう、自分のほうが楽したい。

それから？

▼「恥ずかしい」「動くのじゃまくさい」という理由が出る。

そうね、心で思っていても、からだがそのとおりついていかないときもあるでしょ。

だから、動物というのは、心も大事だけどからだも大事なんだね。

からだも心も一緒になって立とうと思わないと、さっと立てないね。「じゃまくさい」とか、「やめておこう」と思ったら立てない。

今日は道徳の時間だけど、体操の服装をしてきた理由がわかったかな。いまから、それを実際やってみよう。

足の裏から息を吸って、口から吐く

それでは、みんな立ってください。
もうちょっと広がって！
初めに深呼吸しよう。
▼先生にならって、子どもたちも深呼吸を二回行う。
深呼吸したとき、息はどこから吸うの？
吸った息はどこへ行くの？
▼「口」「鼻」「肺」などと答えが返ってくる。
だれか、吸った空気が頭へ行った人はいますか？
いないね。それじゃ、もういっぺんやってみよう。
▼深呼吸を二回繰り返す。
息を吸うとき、足の裏から吸って、ずっと息を上げて、このへんまで持っていって、

その息をもっと上のほうに、頭の上まで上げて、ハーッと吐きます。

ちょっと、先生がやってみよう。

▼先生は、息を吸うとき手を上げて、息がだんだん頭の上に上っていく様子を身振りで示す。そして、頭の上まで息が上がったとき、ハーッと吐く。子どもたちは爆笑。

実際は、息は足の裏から吸っているのではありません。心の中で、足の裏から吸っているつもりなの。

みんなできるかな？　やってみよう。もっと広がって、手がぶつからないようにしよう。

ハーイ、足の裏から、ウーンと息を吸って、肺に溜《た》めて、それを頭の上に持っていって、ハーッと吐く。

▼子どもたちは先生の真似《まね》をし終えて、爆笑する。

できた？　笑っているうちはまだできていないね。

ようし、もういっぺんやるよ。笑わないでできるようにね。ちょっと難しいけど、一緒にやってみよう。

▼子どもたちのフーッと吐く息が大きくなる。笑い声は少なくなる。

足の裏から吸えたかな。

足を少し開くと、空気が足をスーッと通って、からだの中を上まで行く感じがするよ。
もういっぺんやろう。ハーイ、やるよー。
▼笑う子はだいぶ少なくなる。
フーッと息を吐けた？ もういっぺんやろうか？
▼笑う子はほとんどいない。
だいぶ感じが出てきたね。もういっぺん、ハーイ、始めて。
▼だれも笑わないようになる。
だいぶできるようになってきたね。
もういっぺん、ハイ。
スーッとした？ もういっぺん。ようし、だいぶできるようになった。
ハーイ、みんな座って。

記念碑はなぜ建てられたか

ここにこんなお話がありますので、聞いてください。

『太平洋に建つ』という題です。

太平洋は、知ってるね。

東京の近くに房総半島があるのは知ってる？　東京から急行電車で一時間半ほど行くと、御宿《おんじゅく》という所があるのです。先生は行ったことないけどね、そこに岩和田《いわわだ》という村があります。その村にね、こういう碑があります。

▼「日西墨交通発祥記念碑」と板書する。

これ、読めますか。「にっせいぼく、こうつうはっしょう、きねんひ」。

「日」はわかるね。日本の国の名前です。

「西」はスペイン。そのころはイスパニアと言った。

「墨」はちょっとわかりにくいけど、これはメキシコ。

▼「日本」「スペイン（イスパニア）」「メキシコ」と板書し、資料を音読しながら説明する。

「こういう碑が建っているのですが、それはなぜかということをお話ししましょう。

いまから三百七十年前、一六〇九年のことです」。

どのあたりの時代かわかる？

▼「江戸時代」という答えが返ってくる。

江戸時代が始まったばかりのころだね。

みんな、徳川家康を知ってる？　家康はまだ生きていたけど、家康の子どもの秀忠が将軍のころです。

「当時、フィリピン諸島教官であったドン・ロドリゴ（この人はスペイン人ね）は、その義務を終え、本国に帰る途中で暴風にあった」。

その船にね、なんと三百人の人が乗っていた。サンフランシスコ号という船だけど、そのイスパニアの船が、暴風にあい、日本の近海で漂流しているうちにとうとう難破してしまった。

難破する、ってわかりますか？　船が沈むことね。

それで、みんな必死になって、死に物狂いで泳いで、その岩和田の海岸に泳ぎ着いたのです。

▼以下の物語は身振り手振りを交えて語られ、臨場感あふれるお話になる。

ところが、その村の人たちは、みんな漁師で、そのころはそんな外国人を見たことないでしょ。

外国人は目の色が違うし、髪の毛の色も違うし、背はすごく高い。そんな恐ろしい人たちが、ワーッとやってきたから、村の人はみんな初めは怖かった。

それで、みんな、ただ見ていたのです。

一方、流れ着いた外国人は死にそうで、助けてほしいと思うけど、日本語を知らないでしょ。スペイン語でなにか言っても、日本人にはわからない。それで、困っている。

村の人たちは、怖くてたまらない。なにをされるかわからないから、みんな逃げようとか、家の中に閉じこもろうと話し合っていた。

ところが、外国人は、ふらふらしている。倒れている人もいる。それから、なんか、「助けてください」と言っているような感じもする。

そして、どうしようかと思っているとき、一人の女の人が、パッと外国人のほうに走っていった。

その女の人につられて、村の人はみんな走っていった。そして、外国人を助けたのです。

そのときは、みんな手真似ですね。手真似しかできないから。「難破しました」「腹がへってます」「寒いですか」「着る物はありませんか」というようなことを、手真似で伝え合いました。

また、日本の人は、しかたがないから、「なにか食べますか」などと日本語で呼びかけたりした。

言葉はわからないけれども、そうやってみんなを助けてあげることができた。助かったスペインやメキシコの人は、江戸まで行って、さっき話した、二代将軍秀忠に会った。家康にも会ったそうです。

そのときから、日本と、スペイン、メキシコとの交流が発祥したのです。
▼「江戸」はいまの東京のこと、「発祥」は「発達」と少し違って「始まる」という意味であることを、子どもたちに確認しながら話を進める。
この記念碑は、いまでも残っているそうです。

命を助けるということ

このお話ですごく大事なことはなんだろう？　なにを言いたかったのだろう？
そう、いまこの子が言ったけど、「言葉が通じなくても、心は通じる」ということね。
それから？　どんなことでもいいから、ほかにありませんか？
みんなならどうしますか？　助けに行ける？
そう、怖いね。村の人も初めは怖かった。怖いけど、みんな助けに行った。ここのところが、すごいところだね。

簡単なことならできる。いや簡単なことでも、できないことがある。電車の席をゆずるだけでも、恥ずかしかったり、じゃまくさかったりするという話があったね。

それなのに、目の色、髪の毛の色が違う、見たこともないような大きい人が大勢いたら、助けるのは大変でしょ。

しかし、なんで、みんな助けたのかな？
▼子どもに質問を発し、その答えを先生が繰り返しながら話が進められる。
そう、困っている人を放っておいたら死んでしまうね。

やっぱり、命は助けてやらないといけない。

だから、そのとき、怖いとかなんとか言っておられんと。

人が死ぬんだったら、助けよう。それで、パッと動いたんでしょ。

それを、今日、みんなでちょっとやってみようかな。

助ける人・助けられる人

それでは、ここから二つのグループに分かれようか。

▼子どもたちは二手に分かれる。

ここから後ろの人たちは、スペインとメキシコの人で、海岸に流れ着いてくる。

だから、立って向こうへ行ってください。

そして、こっちの人たちは助けに行く人たち。岩和田の村の人たちだね。

向こうは、難破した人たちだよ。向こうの人たちをほんとうは知っているんだけど、心の中では、スペイン人かメキシコ人と思わなくてはダメだよ。

それで、こっちの人たちは難破して、泳いで岸にたどり着くわけ。

ここが海岸線です。

▼海岸線を身振りで示す。

岩和田の人たちと、外国の人たちのそれぞれの役割を子どもたちに説明するため、身振りが激しくなる。

こっちのみんなは、この海岸線にたどり着いて、向こうの村の人たちに、「助けてー」と言います。

船が沈んで、死ぬ思いでたどり着いたことを、スペイン人やメキシコ人の心になって、村の人たちに伝えようとしなければダメだよ。

さあ、スペインやメキシコの人の「助けてー」という声を聞いた村の人たちはどうするかな。

あの人たちは恐ろしいから助けに行くのは止《や》めておこう。そう思った人は止めてもいいけど、助けに行こうと思う人は、「よーし、行くぞ」とか、「助けるぞ」とか、「いま行くぞ」とか、なにか言葉を言って、自分の気持ちを出して、海岸線まで助けに行く。そういうことをやってみよう。

それで、こっちのスペインやメキシコの人は、この海岸線のあたりで倒れるのね。

ハーイ、船が難破しました。

みんな泳いで、ここまで来てください。

そうそう、それで、ここで倒れて、「助けてー」と手を上げる。

▼**子どもたちは、笑いながら、海を泳ぐ真似をして海岸線にたどり着き、倒れて、「助けてー」と言う。**

ハイ、ちょっと、みんな待って。

村の人たちは聞いていて、助ける気になった？

▼**ほとんどの子どもたちが「ならへん」と、大声を上げる。**

そうね、笑っていては、助ける気にならないね。

立って、元に戻って！

助けてもらえなかったら死んでしまう。そういうつもりにならなきゃ。だから、死ぬつもりになって、命の限り、「助けてー」と言う必要があるよ。

▼**子どもたちは、じゃれ合いながら元に戻って、やり直す。**

ハイ、難破しました。

海岸線まで泳いできて、倒れて、「助けてー」と叫んでみよう。この際、日本語でいいから、「助けてー」と言う。

もういっぺん、「助けてー」と言って。

よし、助けに行こうと思う村の人は、行ってください。

▼**「よし、行くぞ」とか、「助けるぞー」という声を上げて、倒れている人たちを助けに行く。**

倒れている人の手を、一人、あるいは二人がかりで引っ張り、助けようとする。救助の現場は大騒ぎになる。

ハイ、みんな集まって、僕の顔を見て。

みんな、まだできないな。

船が難破して、沈んで、海岸にたどり着いて、日本の人が助けてくれなかったらもう死んでしまう。死んでしまうから、「助けてー」と言う。「助けてー」という言葉は、よっぽどでないと出てこないよ。

助けに来てもらわなかったら、死んでしまうわけ。ここのところが、わかってるかな。

それでは、みんなが助けられる人で、僕が助ける人になるから、僕に「助けてー」と言ってください。

▼**みんなで「助けてー」と大声で言って、笑う。**

笑ったらあかん。

よし、もういっぺん。

▼**みんなで「助けてー」。**

それでは、もういっぺん、二つに分かれよう。

それぞれ一列に並んで。

なんで、男子と女子とに分かれてしまうの？

交じっててもかまわないよ。
▼男子と女子にはっきり分かれたグループのメンバーを、少し入れ替える。

心と心が通じる

みんな、相手の顔を見て。相手はいるかな？　それじゃ、こっちから番号を言って。

十七人ずついるね。自分と同じ番号の人をちゃんと見て。

そしてね、自分の前の助けてくれる人に、ほんとうに心が届くように、「助けてー」と言えるかな。

ハイ、「助けてー」と言うよ。一、二、三……。
▼「助けてー」と子どもたち。
あかんな。ちゃんと言えそうな人いる？
▼一人の女の子が推薦され、先生の前で、「助けてー」と高く鋭い声で言う。
みんな、心に届いた？

それでは、今度は、こっちのグループが「助けてー」と言おう。
▼**子どもたちは、「助けてくれー」「助けてください」「おーい」などと叫ぶ。**
みんな、だいぶ感じが出てきたね。

ほんとうに心が通じるというのは、なかなか難しいね。

そのうえ、芝居でやっているから、なおさら難しい。

みんなも、ほんとうに死にそうになれば死に物狂いになれるけど、いまは同級生が相手だから、「エヘヘ」と思っている。


だけど、がんばって、ほんとうのつもりになって、腹の底から言えば通じるよ。

みんなの声を聞いていたら、だんだんほんとうの感じが出てきてるね。

「助けてー」が難しかったら、「おーい」と叫んでみよう。おたがい、前の人に「おーい」と言ってみよう。
▼**子どもたちは、「おーい」と叫ぶ。**
グループの距離を少し離して、三十メートルぐらいにする。そして、交互に一度、「おーい」と叫ばせる。

こっちの人で、「おーい」という声が心に届いたと思う人は手を挙げて。届かなかった人は、挙げなくていいよ。
▼**最初は、だれも手を挙げない。**
「届かなかったようだよ。もういっぺんやってみよう」という先生のかけ声で、四回繰り返す。三回目の前に、「離れすぎかな」ということで、グループの距離を少し近づけるが、心に届いたという反応は全くない。
「耳が悪いんや」などと、相手を非難する声も上がる。

今度こそ、届くように言ってみよう。
どう、届いた？　恥ずかしいのかな。
女子は女子、男子は男子のほうが届きやすいかな？
▼**「うん」という反応がある。それで、男子は男子、女子は女子の組み合わせにする。男女の人数を数えると、ちょうどうまく分けることができる。**
みんな、相手の人がわかった？
相手の目を見て、ほんとうに心が届くように言ってみよう。
▼**二度試みるが、まだまだという感じ。**
「先生がやってみるね」ということで、「おーい」「おーい」と、身振りを入れて二種類

の声を出す。

腹の中から声を出すのと、頭のあたりから声を出すのとは違うでしょ。
みんな、腹から声を出したほうがいいよ。

▼ふたたび、「おーい」を二度繰り返す。

無理に、「うおーい」と力まなくてもいいよ。
今度は、「助けてー」にしよう。
腹の底から「助けてー」と言わないと、助けてくれないよ。
ハイ、言ってみよう。

▼「助けてー」と叫ぶ。

こっちの人たちに、どのくらい通じたかな。
通じた人もいるね。
今度は、逆にこっちの人たちが言ってみよう。ハイ。

▼「助けてー」と叫ぶ。

通じた人は手を挙げてみて。二、三人しかいないの？
通じないというのは、心と心が通じないということだね。心と心が通じるということは、なかなか大変だ。

しかも、いまは言葉で「助けてー」と言ったでしょ。

今度は、言葉を使わないで、顔を見てるだけ、姿を見てるだけで心を通じ合わせることができるかな。

難しい？　それでは、こうしてみようか。

心の中で想像する

いま相手になっている人同士で、背中を合わせて座ってみよう。

一か所に固まらないで、バラバラになろう。

▼男女で背中合わせになるペアもできる。

みんな背中合わせになったら、目をつぶってごらん。

それで、僕のほうを向いていた人は、「助けてー」と言う側だけれど、声を出さないで、心の中だけで「助けてー」と言うことにしよう。背中を合わせている相手に、無言で「助けてー」と言ってごらん。

ハイ。ちょっとは、通じるかな？　言われたほうの人、どうですか？

▼通じた、というような反応がある。

そうしたら、もういっぺんやるよ。

背中合わせで座って、言葉で言わないで、気持ちだけで「助けてー」を伝えてみよう。

▼そう言いながら、先生も子どもたちと同じように床に座って、子どもたちを見渡す。「ハイ」と手をたたいて子どもたちの目を開けさせ、「通じる？」と尋ねると、通じたという反応がある。

「助けてー」と言うだけで通じ合うのは難しいから、今度はね、片方の助けるほうの人も想像してみよう。

岩和田の村の人たちは、仕事をしていたら、向こうから死にそうな人たちが来たので、「よし、助けてあげよう」というふうに思う。

そして、片方の人は、海からやってきて、死に物狂いで「助けてー」と思う。

みんな、心の中で、想像する。想像することはできるね？

さあ、海にいたら、たいへんな暴風になって、船が沈んで、スペインやメキシコの人は必死で泳いで、海岸線に着いて、助けを求める。心の中でね。

そうすると、岩和田の人たちは、よし、これは助けないといけないぞ、と心の中で思う。

▼みんな、目をつぶったまま想像する。しばらくして、先生は「ハイ」と手を打って想像を止めさせる合図を送る。

だいぶ感じが出てきたね。

今度は、交替しよう。こっちが、流れてくる人。反対側の人は、助ける人。

ハイ、みんな想像しよう。

スペインやメキシコの人たちが船に乗っていたら、だんだん暴風雨がすごくなってきて、船は沈んだ。さあ、泳がないと溺れるので、泳いで海岸にやっとたどり着いた。

さあ、岩和田の村の人たちは、助けてやらなくちゃあと思う。

▼子どもたちは、想像する。

ハイ、そういうふうに想像できるようになると、心が通じるようになります。

今度は、元どおり、六年一組の自分に戻って、二人で背中合わせになろう。

このほうが、心が通じやすいかな？

みんな一緒のクラスだね。この中に死んでいる人はいないね。みんな、命を持って、生きている。

そういうことが、相手の背中から伝わってくるかな。

さあ、背中を合わせてごらん。

相手が生きているってことがわかるかな？
▼子どもたちから、「温かい」という声が上がる。
そうね、温かい。この中で、だれかが急に死んだらどうなる？
▼「冷たくなる」という答えが返ってくる。
そう、冷たくなる。大変だね。

命の大切さを学ぶ

実際こんなことがあったことを知っていますか。

いま、平成八年ですが、平成七年の一月十七日の午前五時四十六分、阪神・淡路大震災が起こって、小学生がたくさん死にました。

今日、先生は、そういう詩を用意してきました。

これは、阪神・淡路大震災を経験した、淡路島の小学六年生の、伊原友里さんという人が書いた詩です。

淡路島は知っていますね。淡路島も、ものすごく揺れました。

そのとき、伊原友里さんの友達のあおいさんが亡くなった。死んでしまったのです。

その大震災の一か月後の十二時に、淡路島ではサイレンを鳴らして、みんなで黙禱《もくとう》して、死んだ人のためにお祈りをしました。

北淡町立富島小学校の伊原友里さんは、そのときのことを詩にしています。

「十二時にサイレンが町中にひびいた」という題の詩です。

それをちょっと読んでみましょう。

もくとうをするから目をつぶった
あおいのことを思い出すと泣きたかった
でも泣きたくなかった
私は学校の校舎にいる
私は中学校に、はいったりするんだ

でも、あおいとかつやは中学校に、はいらない
はいられないんだ
ずっとあおいは十一才でいるんだ
あおいとはとっても仲が良かった
でも、ケンカもした
会いたい
また遊びたい
いっしょにバレーしたい
話をしたい
あおいはひょこっと顔だしてこないかな
声をかけてくれるんではないかな
「ゆりちゃん」
あおいがよんでくれそうなきがする
わたしはあおいのことはわすれない
そういえばあおいは
私の身長をぬくって言ってたっけな

私はぬいてほしかった

これが、友里さんの詩です。

最後、「私の身長をぬくって」あおいさんは言っていた。「私はぬいてほしかった」。

それでももうぬいてもらえない。

なぜ？

そう。死んだから。


このように、六年生の子どもさんが亡くなりました。

六年生だけではありません。

兵庫県で、小学生の人が百六十五人も亡くなりました。

幼稚園児から大学生まで入れると、五百人くらい亡くなりました。

それから、お父さんが亡くなった子ども、お母さんが亡くなった子ども、ご両親とも亡くなった子どもさんもいます。

これから震災があるとは限らないけれども、人間というのはどこで頼りなく絶えるかわからない。

そのとき、みんなが今日ちょっと練習したように、心と心とがピタリと合ってくれたら、言葉が通じなくても心が通じる。

心が通じたら、命を助けたい。

人の命も大事だけれども、自分の命も大事だ。

そういうふうなことを、今日は、からだを使ってみんなにわかってもらおうとしたんだけれども、やることが少し難しかったかもしれません。

六年生なので、お芝居になってしまったために難しくなった。

これで、今日の授業は終わります。どうもご苦労さんでした。

自然に学ぶ

尾本惠市

授業の内容

◆勉強していると運をつかまえられる
◆興味を持つことが大きな成果を生む
◆アフガニスタンでチョウを採る
◆昆虫採集をして自然の大事さを知る
◆チョウ好きにも、さまざまなタイプがある
◆チョウの研究から人間の研究へ
◆人種とはなにか
◆遺伝子による人種の研究
◆自分で考えることが大切

＊一九九六年七月十二日
京都市立桂坂小学校六年二組

勉強していると運をつかまえられる

僕は尾本といいまして、人類学という学問をやっています。

じつは、僕がみなさんと同じくらいのときは、チョウばかり採っていたのです。

今日は、チョウのスライドをいくつか見せます。そして、なぜ、僕がチョウを好きになったかということと、なぜ、僕が人類学という学問をやり始めたかということがわかってもらえれば、理科の授業としてはいいんじゃないかと思います。

それではスライドを映しますので、後ろのカーテンを引いて部屋を暗くしてください。

みなさんの中で、だれか昆虫採集をする人はいるかな。いないですか。

僕がチョウの虜《とりこ》になったのは、小学校に入学する前です。幼稚園のころかな。

これは「ルリタテハ」というチョウです（図1）。ごく普通にいるチョウだから、これから気をつけて見てください。この辺にもいますよ。

僕は東京で生まれました。まだ小学校に上がる前だったけれど、僕の家の前の道路の上に、このチョウがパッと止まって、羽根をこう開いて、日の光が当たってキラキラ輝いていました。僕はそれをじっと見ていてね、なんてきれいなんだろうと思ったわけです。

チョウというのは、きれいだ、美しい、ということが強烈な印象でした。それでチョウを集めるようになったわけです。

図1　ルリタテハ

昔は、まだ東京の町の中でも、けっこうチョウがいました。二十種類くらいいたかな。いまはもう五種類くらいしかいません。

このチョウをみなさんは知っているかな（図2）。これは珍しいチョウでね、山にしかいない。東京の近くだと、日光とか軽井沢などにしかいない、「キベリタテハ」というチョウです。黄色いへりがあるから「キベリタテハ」というのです。タテハチヨウというのは、お腹《なか》が頑丈で、飛ぶのが速い。

　この「キベリタテハ」というチョウは東京なんかにはいないはずのもので、東京ではだれも採ったことがなかった。ところが、僕が小学校三年生ぐらいのときに、このチョウが僕の家の中に飛び込んできた。それで、驚いたわけです。たまたま近所にチョウを採っている人がいてね、その人に見せたんです。

「ほら、生きてるだろう。いま採ったばかりだ。ほんとうに東京で採れたんだから」と言って見せて、彼に証人になってもらった。だから東京初記録だね。

図2　キベリタテハ

　これをみなさんはどう思うかな。ただ運がよかっただけだろうと思うでしょう？　僕はそうは思わない。運というのはね、ただ黙っていれば上からポンと降ってくるものだと思っていたら大間違い。運というものは、みんな自分でつかむものです。

　僕だって、もしチョウのことをなにも知らなかったら、この「キベリタテハ」という東京で初めて採れたチョウが、家の中に飛び込んできたことに気がつかないわけです。みなさんだったら、おそらく「なんだチョウが入ってきた」と言って窓を開けて逃がしてしまうでしょう。

しかし、それがすごく珍しいチョウだってことは、僕はいろいろな図鑑を見て知っていたから採ることができたのです。だからやはり勉強をしていないと、運も近寄ってくれないのです。知らないうちに運はみんな通り過ぎてしまうのです。

ところが、勉強をしていると、その運が近くへ来たときに、グッと押さえることができるわけです。だから、運というものはね、ただ黙っていても来ませんよ。運がいい人とか、運のわるい人とかいうけれど、それにはじつはなにか理由があるものなのです。

昔はね、だいたい小学校に三十人ぐらいは、昆虫採集している子がいたのですけれどね。

▼図3を映すと、「これだったら言える」という声が上がる。「だれか知っている人いる？なんていう名前かな」とうながすと、「オオムラサキ」と答える。

「オオムラサキ」。そうそう、このごろテレビなんかに出るでしょう？　これがオスです。いま、ちょうどきれいに光っている。

これはね、日本の国のチョウなんです。「国蝶《こくちょう》」として、昔、切手にもなっています。このチョウは、ちょうどいまごろの時期に、山の林に出てくるんです。シューッと飛ぶ、かなり大きなチョウです。そして素晴らしいチョウだ。町中にはいませんが、ちょっと山に入ると、このへんにもいるかもしれませんよ。

それでは、次にちょっと有名なチョウをご覧にいれましょう。

このチョウの名前をだれか知っているかな?

「ギフチョウ」(図4)といって、これも日本の非常に代表的なチョウです。昔、このチョウが岐阜県で初めて見つかったので、この名前が付きました。たぶん、京都に

図3　オオムラサキ

図4　ギフチョウ

図5　ツマベニチョウ

もいますよ。少し奥の山へ行けばね。僕はずっと東京にいて、京都には三年くらい前に来たので、まだチョウを採っていないから、どこにいるかはわかりません。

このチョウは桜の時期に出てくる。早いんです。まだ他のチョウがあまりいないときに、このチョウは出てくる。

チョウというのは、種類によってみんな出てくる時期が違います。さっきの「オオムラサキ」は七月に出てくる。この「ギフチョウ」は四月に出てくる。なぜだろうかと考えるとおもしろいんです。いろいろ理由がある。しかし、これは専門的なことになるから、今日はお話ししません。

日本にこんなすごいチョウがいるのを知っている？　これは「ツマベニチョウ」といって、だいたい熱帯地方にいるチョウなんです（図５）。上がオスで、下がメスです。モンシロチョウよりもずっと大きくてね、羽根の先端部分（スライドのチョウの羽根の先端部を指す）がね、紅色をしている。羽根の先端（つまという）が紅色だから、「ツマベニチョウ」というのです。このチョウは、日本では九州のいちばん南から沖縄にいます。

僕はこれを屋久島《やくしま》で採りました。鹿児島の南の屋久島という、大きな杉の木のある島ですが、そこへ行ってこのチョウを採ったのです。

それまで沖縄で採れていたのと、ちょっと模様が違う。それで白水《しろみず》博士という蝶の研究者にちなんで「シローズイ・ツマベニチョウ」という名前を付けました。日本のチョウで、僕が名前を付けた最初のチョウです。一九五四年ごろだったと思います。

興味を持つことが大きな成果を生む

僕は、子どものときからチョウ採りをして、研究みたいなことをやっていたから、昆虫学者になろうと思って大学では理科に入ったわけです。だけどあまり勉強しないで、先生から見れば遊んでばかりいた。いつまでもチョウに夢中になっていたわけです。

そのころ、日本中を歩き回っていて、大学の一年生のとき、夏休みに北海道に行ったんです。千歳というところを知っているでしょう、飛行場のあるところです。その

図6　モンキチョウ

千歳で、まず、一九五二年、昭和二十七年の七月二十日にこれ（図6・上）を採ったのです。日にちをいまでもよく覚えています。

これはモンキチョウという、その辺にいっぱい飛んでいる黄色いチョウです。普通のモンキチョウは、前羽のへりの黒い部分に黄色い紋があるので、モンキチョウというんです。

ところが、これには紋がないでしょう？　こういうのは何万匹に一匹という珍しい型で、遺伝的にたぶん違う型なんです。とても珍しい型ですね。

それまでたくさんモンキチョウを採ったけれど、こんなものを採ったことはなかった。それを千歳で採ったわけです。しかし、さらに驚いたのは、その翌日、こんなものを採ってしまった（図6・下）。

みなさん、これを見てください。同じモンキチョウでも、左と右とで斑紋《はんもん》が違うでしょう？

モンキチョウというのは、オスが黄色です。左はオスの羽根なんです。右は白いメスの羽根なんです。つまり、オスとメスが一匹のチョウの中に入っている。どうしてそんなことが可能になるかというと、いまはまだみなさんには難しいので説明できませんが、みなさんがいずれ生物学を習ったら、「ああ、そうか」と理由がわかります。

これも何万匹に一匹というくらい珍しいものです。おそらく一生チョウを採っていても、これを一匹も採ったことがない人のほうが多いんじゃないかな。こういう一匹の個体の中にオスもメスもある「雌雄型」というものを採ったことがある人は、少ないと思います。日本にはおよそ二百種類のチョウがいますが、それらのどんな種類でも、雌雄型というのを採ったことがある人は、あまりいませんよ。

これもさっき言ったように、ただ運がいいだけじゃないんです。僕はとくにモンキチョウというグループに興味があったから、北海道へ行ってもそればかり見て歩いていた。そして片っ端からモンキチョウを採ったわけです。普通の種類なのだけれど、とにかく片っ端から採りました。そうしたら、七月二十日にこっち（図6・上）を、二十一日にこっち（図6・下）を採ったわけです。

つまり、宝くじに二日続けて当たったようなものです。確率的には本当にそのとおりですから、僕はなんて運がいいんだろうと思いました。

こちら（図6・上）はね、「チトセモンキチョウ」という名前を僕が付けて、ちゃんと学術雑誌にも出ています。

僕は、ただチョウを採って歩いているだけじゃなく、本当に昆虫学者になろうと思っていたんです。

いまから考えてみると、モンキチョウというチョウのグループにとくに興味を持っていたから、こういうものが見つけられたのであって、ただ漫然とチョウを採っていたら、絶対こういう珍しいものは採れなかった。

アフガニスタンでチョウを採る

それでますますチョウを採るのが好きになってしまった。

僕は人類学の学生になってから、ドイツに留学しました。ベートーベンの音楽とか、他にもいろいろとドイツに好きなものがあったので、行ってみたいと思っていたのです。それで、ドイツのミュンヘンというところに留学しました。

しかし、週末になると山へ行ってはチョウを採っていた。アルプスの山に行ってね。そして、イギリス人とかフランス人とか、チョウを集めている人と仲良くなって、交換したり、いろいろ話をしたりしていた。そのうちに、僕より十歳ぐらい年上のワイアットさんという、イギリス人の、チョウの研究者で世界的探検家の人と仲良くなりました。

一九六三年のことでしたが、なにかみんながアッと驚くようなことを二人でやってやろうということになって、世界地図を持ってきて相談しました。ドイツの大学では六、七、八月と夏休みで、三か月ぐらいどこかへ行けるからです。

そのころ僕がいちばん行きたかったのはどこかというと、中国なんです。チョウに関していえば中国がいちばんおもしろいんです。チョウに

図７　アフガニスタンの高地にて

しかし当時の中国は外国人を絶対入れてくれなかった。同じようにソ連（いまのロシア）も絶対入れてくれなかった。チョウを採りに行くなんて言ったって、そんなのダメと言って入れてくれない。もちろん観光もさせない。とにかく中国とソ連は絶対に入れてくれなかったのです。

ところが、モンキチョウのグループは、ちょうど中央アジアの高いところに、いろいろな種類の珍しいものがたくさんいるわけです。だからどうしても採りたいのだけれど、中国もダメ、ソ連もダメ。さあ、どうするかというとき、ただ一か所、ここなら入れそうだという国があった。それがア

フガニスタンという国です。

最近、アフガニスタンで戦争があって、ほんとうに心が痛みました。一九六三年ころはまだ平和でしたが、チョウを採る人はほとんどこの国には入っていなかった。ただ、二十五年前にコッチというドイツ人が入っていました。そのとき、ものすごく珍しいチョウを採ったのです。それが世界的に有名になったのだけれど、その後、アフガニスタンにいろいろ政治的な問題があって、外国人を入れてくれなくなっていたのです。

図8　アウトクラトール

ところが、僕らがいろいろ調べていたら、一九六三年の時点で、これならアフガニスタンに入れそうだということになったわけです。それで、ワイアットさんと一緒に行こう、ということで出かけました。
まず、アフガニスタンの首都カブールというところまで飛行機で行きました。そこから馬で一週間かかりました。車はあるけれど、当時まだ道も整備されていないし山だから入れない。石がゴロゴロしていてね。

馬で四千メートルぐらいの高いところまで行くわけです（図7）。夏でも雪があるこの山は五千メートル以上でしょう。こういうところにね、すごく珍しい、まだだれも採ったことのないようなチョウがいるのです。

これがね、その二十五年前に入ったドイツ人が、アフガニスタンではじめて採ったチョウです（図8）。これは当時、世界的センセーションになった。なにしろきれいなチョウだったからです。変わったアゲハチョウの仲間で、名前を「アウトクラトール」といいます。独裁者という意味です。

図9　マルコポーロモンキチョウ

僕はあまりお金の話はしたくないけれど、このチョウはね、いまみたいに物価が高くなかった一九六三年当時、一匹一万円以上でなければ手に入らなかったのです。

上がオスで、下がメス。こういうのをペアといいます。これはメスがすごくきれいなのです。いまだったら、ペアだと十万円は出さないと買えないでしょう。第一、買いたくても、当時はコッチが採ったものが、標本として少数ドイツにあるだけでした。世界中の人が争って手に入れようとしていたわけです。それがいっぱいいるところを見つけてしまいました。百匹近く採りました。

正直に言うと、お金のことを考えましたね。調査に行くにあたってずいぶん借金をしていたから、このチョウを売ったらどのくらい返せるかな、なんてちょっと品のない計算をしました。

これがね、さらにすごい（図9）。モンキチョウの中では、これはとくにすごいものです。

これは、「マルコポーロモンキチョウ」といって、中央アジアの四千メートル以上の高山にしかいません。僕らがアフガニスタンに行くまで、アフガニスタンにいることすらだれも知らなかった。どこで採れていたかというと、ソ連のパミールという高い山で採れていました。ところが、僕らがアフガニスタンで採ったものは、パミールにいるものと色が全然違うのです。それで、ワイアットと僕とで、「クシャーナ」という名前を付けました。

こういうのを「亜種《あしゅ》」といいます。種は「マルコポーロモンキチョウ」だけれど、その中の「クシャーナ」という亜種。クシャンというのはね、いまから千五百年以上前にアフガニスタンにあった仏教王国の名前です。やはりチョウに名前を付けるときは、ラテン語と、そういう歴史的なことを、ある程度勉強しておくことが大切です。

僕もずいぶんチョウに名前を付けているけれど、これは自慢できるチョウです。

昆虫採集をして自然の大事さを知る

みなさん、昆虫採集というのはいけないことだと思っている？

「昆虫採集してはいけない」と言う人がいます。新聞にもそういうことを書く人がいます。しかしね、それはちょっと問題があるのです。というのは、僕らが個人で昆虫採集したくらいでいなくなるチョウはいません。これは、きちんと調べられていることです。チョウがいなくなるのは、昆虫採集したからじゃないのです。そうではなくて、たとえば、家を建てるために森の木を全部切ってしまうとか、ゴルフ場を造るために山を全部崩してしまうとか、そういうときチョウはいなくなるのです。

僕らが、仮に百匹採ったとしても、チョウはいなくなりませんよ。何万匹といるんだから。むしろ、少し採るとね、かえって元気が出て増えたりする。自然というのはそういうものなのです。だから、昆虫採集はいけないことだなんていうのは、おかしな話です。

僕みたいに、昆虫採集をしたために、じつは自然というのは人間にとって大事なんだなということがほんとうによくわかった者もいるのです。

もし、僕が昆虫採集をしていなかったら、自然の大切さがわからなかったでしょうね。都会にだけいて本だけで勉強していたら、自然の大切さはわからなかった。

みなさん小さいときから、物事のそういう奥を読まなければいけない。お母さんが虫を殺しちゃいけないと言うからそうする、ということではなくね。

みなさんのお母さんに怒られるかもしれないけれど、お母さんは、ゴキブリが出るとすぐ「キャー」と言ったり、ネズミはいやだ、ヘビは嫌いだとか言うでしょう。それはいいんです、好き嫌いはだれにだってありますから。だけどね、そう言うだけだったら結局、自然のことはわかりませんよ。やたらゴルフ場を造ったり、森の木を切ったりすれば、その結果どういうことが起こるかというと、大水が出たり、魚がいなくなったり、いろいろなことが起こってくるのです。

ちょっと、考えてみてください。ゴキブリって、お母さんは嫌いだけれども、これはどういう昆虫だろうか、と。ゴキブリというのは二億年以上も前からいる昆虫なんです。ものすごくしたたかなんですよ。薬をまいたからって、そう簡単にいなくなるようなものじゃないのです。

そういう、自然というものが持っている長い歴史を理解しなければならないね。彼らは人間なんかよりずっと前からいるわけですから、人間が地球を勝手に変えられると思ったら大間違いです。そういう考えでやってきたから、自然を、そして地球をとんでもなく変なふうにしてしまったわけです。

理科の授業でいちばん大事なことは、物事の背後になにがあるかを考えることです。難しく言えば、原理とか法則です。僕だって、ただチョウがきれいだから採っていたわけではないのです。

チョウ好きにも、さまざまなタイプがある

チョウを採るマニアに、いろいろな種類があります。マニアって言葉わかる？　何々マニアというふうに、なにかが好きで好きでしかたがない人のことです（図10）。

まず最初は、なんでもやたらに集め、ただ眺めるだけの人。こういうのを「切手集め型」と僕は言っています。初めはだれでもそうなんですが、しかしいつまでもそれでは進歩がありません。

二番目は、高いお金を出して珍品を集める「骨董品《こっとうひん》集め型」。さっきも言いましたけれど、お金のことはあまり考えないほうがいいんですが、一匹一万円以上なんてい

チョウのマニア、いろいろ	
1. なんでも、やたらに集め、眺めるだけ	（切手集め型）
2. 高い金を出して珍品を集める	（骨董品集め型）
3. 飼育して、生活史を調べる	（ファーブル型）
4. やたらに新しい名前を付ける	（リンネ型）
5. 分布や進化に興味を持つ	（ダーウィン型）

図10　マニアの種類

うと、つい計算してしまうよね。やはり人間にはそういう面もありますから。

しかし、それだけではだめです。世の中にはお金で買えないものがあるのです。たとえば僕の「チトセモンキチョウ」、あれは世界に一つしか標本がありません。僕は絶対に売りません。売らないけれど、いま考えていることがある。じつはね、日本に立派な博物館をつくろうと思っている。世界に誇れるような立派な自然史博物館を。それができたら、僕の標本を全部ただで寄付します。

僕が集めたチョウは二万匹近くありますが、その中には世界で一匹というものもかなりあります。それをお金に換えてしまったら、いままでなにをやってきたか、ということになってしまう。そのへんのことは、みなさんにはまだわからないかもしれないけれどね。

三番目は、「ファーブル型」。チョウはきれいな羽根を持っていて美しいんだけれど、幼虫はイモムシといってみんな嫌うでしょう？　ところが、あればかり好きで飼《か》っている人がいるのです。飼育をするというのは、それはそれでおもしろいんですよ。飼育をして生活史を調べる。

チョウの一生は、変態といって、卵から幼虫になって、サナギになりチョウになる。この四段階があるのです。それぞれまったく形が違うわけです。それを「生活史」という。生活の歴史だね。それを調べる。幼虫がどんな草を食べるかも、おもしろいテーマです。「食草」といいます。これは『昆虫記』で有名なフランスのファーブルという人がやっていたので、「ファーブル型」ですね。

四番目は、「リンネ型」。やたらと新しい名前を付けたがる人がいる。たしかに僕も「チトセモンキチョウ」とか、アフガニスタンの「マルコポーロモンキチョウ」とか、屋久島の「ツマベニチョウ」とか、いろいろ名前を付けてきましたが、僕はやたらには付けませんでした。世界で初めて採ったものは、名前を付けておかないと後の人が困るのです。だから付けておきますけれど、なかにはやたらに名前を付ける人がいる。たとえば、京都で採ったチョウ、大阪で採ったチョウ、岡山で採ったチョウ、とそれぞれ名前を付けてしまう人がいるのです。そんなことしていたら、名前ばかりになってしまいます。こういう人は、最初に「分類」ということを始めたリンネという人の名前からとって、「リンネ型」といいます。

最後の五番目が「ダーウィン型」です。あるチョウの種類が、地理的にみて世界のどの地域にいるかという「分布」や「進化」に興味を持つことです。

進化は、十九世紀の中ごろ、チャールズ・ダーウィンという人が言い出したことです。それまではあらゆる生物は神様がつくったのだということになっていて、みんなそう信じていたわけです。ところが、ダーウィンは、みんなが信じているそういうことの奥をさらに見ていたのです。

神様がつくったということでは、どうしても説明がつかないことがいっぱいある。それで進化ということを思いついたわけです。つまり、生物が、何万年あるいは何億年という長い年月かかって、いろいろな種類に変わってきたということなんだ。そういう生物の歴史をどう説明するかということに興味を持つのが「ダーウィン型」です。

僕はこの五番目だった。もちろん初めからそうだったわけではありません。初めは「切手集め型」、それから「ファーブル型」になったこともあるけれど、結局、僕は「ダーウィン型」になりました。

チョウの研究から人間の研究へ

どうしても進化の研究をしたい、生物をいちばんよく理解するには、その歴史を調べなければならないと思いました。ひと口に歴史といったって、大変なんです。人間の歴史には書いたものがあります。しかし、チョウに限らず、自然界の歴史には書いたものがなにもない。では、どうしたらわかるか。そのへんのチョウを採ってきて、これで歴史がわかるかというわけですよ。僕は、チョウの色や模様や生活史、それに分布を調べ、広い地域で比較をすればわかるだろうと思った。

僕はほんとうに、東京の大学で、「チョウの研究ができるところはありませんか」と聞いたのです。動物学などがありますからね。そうしたら動物学教室では、「うちではチョウの研究はできません、そんなものは大学ではやりませんよ」って言われてしまった。「殺虫剤の研究でもしたら」とも言われたが、そんなものは嫌いでした。それで、進化の研究をしようと思ったわけです。チョウの研究といっても、生物が長い年月かけてどうやって変わっていくか、ということを研究したかったのです。

それでチョウではできないということがわかって、それならいちばん身近な人間を調べてやろうと思ったわけです。自分たちのことの研究なら、いくらでもできると思った。

当時、遺伝子というものがだんだんわかり始めていた。じつはね、みなさんのからだの中に遺伝子というのがあり、みなさんの歴史からなにから全部そこに記録されているのです。

遺伝子というのは、みなさんの一つ一つの細胞の中に全部あります。細胞の核というものが真ん中にあり、その中に染色体というのがあって、そこには全部遺伝子が乗っているわけです。

これはいずれ生物の授業で習いますが、DNAとかなんとか、そういう言葉をただ覚えたってしようがない。要するに、みなさんそれぞれが、細胞の中に自分というものの百科事典をもっているんだ、と思ってください。

百科事典というのは、何百頁《ページ》もありますから、とても厚いですね。遺伝子も分厚いものです。だけど目には見えませんよ、小さいから。しかし、生化学的な手法で調べていくとね、二十億文字ある。われわれの遺伝子は二十億文字で書かれているわけです。では、その二十億文字を全部読まなくてはならないかというと、そうではありません。百科事典には項目があるでしょ。たとえば、「日本」とか「アメリカ」とか。

そういう項目の一つ一つが遺伝子だと思えばいいのです。つまり、二十億文字のうちに数千文字ずつの遺伝子があるわけです。そういうものをいろいろ研究すると、じつは歴史がわかるのです。

というのは、われわれの歴史は、全部遺伝子の百科事典にいろいろ書かれているわけです。なんだかいっぱい字があるけれど、いままではその読み方がわからなかった。

その遺伝子のＤＮＡの文字の読み方がわかってきたのは、一九五〇年代からです。ワトソンとクリックという二人の研究者が、一九五三年にＤＮＡの化学構造を解明しました。もちろんかれらは一九六二年にノーベル賞をとりました。

これで、ＤＮＡというものが、じつはわれわれのすべての情報をもった百科事典なんだということがわかったわけです。

人種とはなにか

私が人類学の研究者としてスタートしたのは一九六〇年代です。当時はまだ人類全体を調べることはなかなかできなかったので、とりあえず「人種」を調べることにしました。

われわれは、ホモ・サピエンスという一種類の動物です。世界中どこにいる人でも全部同じ種類です。その証拠に、結婚すればちゃんと子どもができますよね。種類が違うとね、結婚しても子どもができなかったり、一人くらいできても、そのあとはもうできなかったりするわけです。むろん、子どもができないから種類が違うのだ、というわけではありませんよ。

結婚して子どもがいくらでもできるということは、種類が同じだからです。地球上どこの人でもそうなのです。種類は一つ、ホモ・サピエンスです。これくらいは、小学生でも知っていてもいいね。

ホモという言葉を聞くとクスクス笑う人がいる。そういう人はものを知らない人ですよ。ホモというのは、ラテン語で人間のことです。われわれはホモなのです。ホモ・サピエンスというのです。ホモには別の意味もあることは、いずれ大人になればわかります。

▼説明しながら、Homo sapiensと板書する。

サピエンスというのは、賢いという意味。さっきのリンネという人が、われわれは「賢い人間だ」というふうに思ったんでしょうね、われわれにホモ・サピエンスという名前を付けました。

ところがね、世界中の人を見てみると、ずいぶん顔つきが違いますよね。たとえば、アフガニスタンで僕らが会った人は、みんなこのような顔をしているわけ（図11）。ひげが多く、目が落ちくぼんで、鼻が高い。いわゆるヨーロッパ的な顔をしているのです。「コーカソイド」という名前で当時は呼ばれていました。ヨーロッパからインドまで住んでいます。

図11　コーカソイド

図12　ネグロイド

これはアフリカの人たちですね。「ネグロイド」という名前で一般に呼ばれています（図12）。色が黒くて、唇が厚く、髪が縮れています。

これは、われわれと同じような顔だから、「モンゴロイド」と呼ばれています（図13）。しかし、これからはコーカソイドとかネグロイドとかモンゴロイドという名前を使うのはよそう、と僕は言っているのです。

というのは、昔の人がたぶんモンゴルが中心だろうと勝手に決めてしまって、モンゴロイドという名前を付けてしまったわけです。なんの証拠も

図13　モンゴロイド

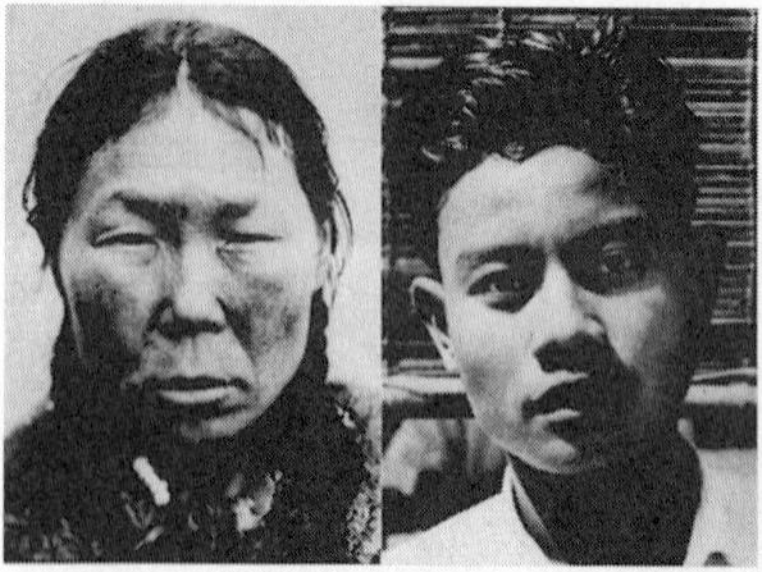
図14　シベリアの人（左）東南アジアの人（右）

ありません。たぶんモンゴルから広がったということは間違いでしょう。いまでは、人種を分けること自体が無理だとわかってきているのですが、この話は今日はやめておきます。

同じモンゴロイドでも、東南アジアへ行くとこういうふうに目がパッチリして、二重瞼《ふたえまぶた》で、顔の彫りが割合深くて、ちょっと唇が厚く、耳たぶが大きい人がいるんですね（図14・右）。

ところが、同じモンゴロイドでも、シベリアのような寒いところへ行くと、顔が平べったくて、目が細くって、鼻も低く、耳たぶも大きくありません（図14・左）。それから、こういう人たちはひげも少ない。

遺伝子による人種の研究

世界には、なぜこうもいろいろな顔かたちの人がいるのかなと思いました。チョウの研究ができないのだったら、これを研究してやろうと思って、人種の研究を始めたわけです。当時、一九六〇年ごろには、ただ顔かたちを見て、ああだこうだと言っているだけではだめだ、ということがわかってきました。だから僕は、顔かたちだけではないものを研究しようと思ったわけ。それはなにかというと、やはり遺伝子です。

ところが、僕が研究し始めたころは、まだ分子生物学というものがなかった。だから、遺伝子そのものを、さっきの百科事典の項目一つ一つを、読みとる技術がなかった。ではどうしたかというと、タンパク質を調べたのです。

みなさんのからだをつくっているのもタンパク質だし、みなさんのからだを動かしているのもタンパク質ですね。遺伝子がまずつくり出すものがタンパク質です。だからタンパク質を調べると、遺伝子のことが間接的にですがわかるのです。

僕は、ドイツで四年ぐらいかかってこの研究をしました。日本では、遺伝子で人種の研究をするなんてことは、まだだれもしていなかったのです。

研究を終えて日本に帰ってきました。運のよいことに、ちょうどそのころ世界中で国際生物学事業という、科学者の大きな運動が起きていた。その中に、世界中にいるいろいろな民族の遺伝的な特徴をこの時点で記録しておこう、という試みがありました。そうしないと、みんな交ざり合って起源がわからなくなってしまう。この事業は一九六六年から五年間、世界中で行われました。

日本では、さまざまな地域で研究が行われましたが、その中で北海道のアイヌの人たちを調べるチームができ、僕も入りました。

図15　トルストイ

この写真は（図15）ドイツの人類学の教科書に出ていたのですが、だれだかわかる？　ロシアの文豪のトルストイという人です。なぜこの人が人類学の教科書に出ているのかというと、アイヌの人たちの顔つきがこの人に似ているからというのです。たしかに、アイヌの人たちは顔の彫りが深くて、男の人のひげが立派です。髪の毛も少し波うっている。だから、一九五〇年代までは、アイヌは白人の一つの人種だといわれていたのです。

しかし、僕は、顔つきだけで人種を分類するのはおかしいと思っていましたので、遺伝子のことを知りたかったのです。そこで、血液中のタンパク質などの個人差を十六種類調べて、その結果をコンピューターを使ってまとめました。当時は最先端の研究だったんですよ。一九七三年に、僕はこれを国際会議で発表しました。これは要す

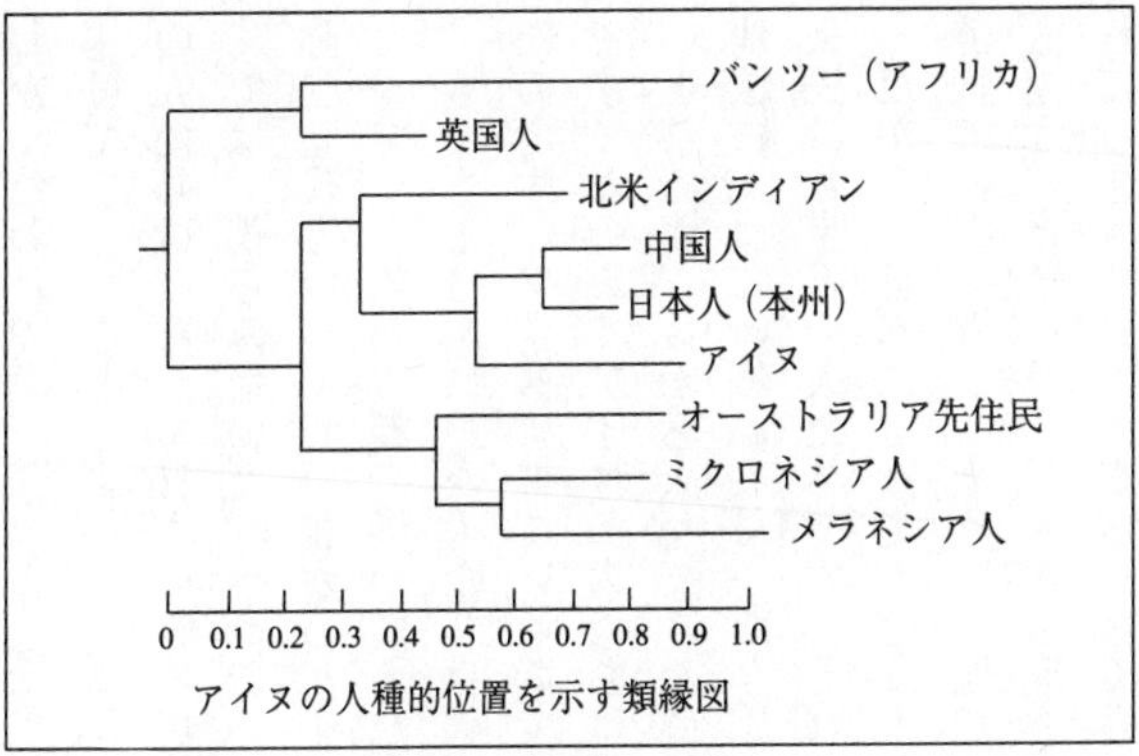

図16　系統樹（1973年）

るに、タンパク質から推定した遺伝子の変異データで、世界のいろいろなところの人々の遺伝的な関係を「系統樹」を使って説明したものです（図16）。

そうしたらね、アイヌの人たちは、われわれ本州の日本人とか中国人とかと全く同じではないけれど、一つのグループだということがわかったのです。いわゆるモンゴロイドです。白人である英国人とか、あるいはアフリカ人のバンツー族とかとは遺伝的に全然違うのです。全然といっても同じ人間だから、もちろんある程度は似ているわけだけれど。

こういうふうに細かく見ていくと、ヨーロッパやアフリカの人とは違う。また、オーストラリアの先住民とか太平洋の人々とも違う。やはりアジアのモンゴロイドだということがわかったわけです。「アイヌはヨーロッパ系の人で、割合最近になってシベリアから逃げてきた」などと書いている学者もいたのです。しかしそれは間違いです。アイヌの人たちは、むしろ日本の先住民族であることがわかりました。

では、僕らみたいな平べったい顔の人たちは、どのようにして現れたのか。これは弥生《やよい》時代といって、いまから二千三百年ぐらい前に、たぶんお米の水田耕作の技術をもって、大陸から船で渡ってきた人たちがいたわけね。

もともと日本にいた人たちは縄文時代人といって、彫りの深い鼻の高い人たちだったのです。アイヌに似ているのです。骨格の上では、縄文人とアイヌはほとんど同じです。おそらくアイヌの人たちは縄文人の系統なのです。

ところが、後から入ってきた弥生人たちと混血したり、あるいは混血しなかったり、地域によっていろいろだったと思いますが、とにかく先住民はアイヌ、後から来た渡来民は弥生系の人たちです。それが、本州日本人というか、和人《わじん》ですね。

だから、日本には歴史の違う人たちがいろいろいたのです。アイヌの人たちとか、沖縄の人たちとか。そういう歴史が違う人たちの集団のことを民族といいます。歴史も違う、言葉も違う、文化も違う。いまのアイヌの人たちは、アイヌ語をほとんど忘れてしまっていますが、百年ぐらい前まではアイヌ語を使っていたわけです。

「日本には一つの民族しかない」などと言った人がいますが、それは間違いです。少なくともアイヌと沖縄の人とそれから本土日本人と、三つはありますよ。探せばもっとあるかもしれない。とにかく少なくとも三つの民族が日本にはあるということです。

自分で考えることが大切

時間になってしまったけれど、もう少しだけ話させてください。

いま人種のことを話しましたけれど、人種なんて、じつはほんのささいな違いなのです。われわれはホモ・サピエンスという一種類の動物ですからね、人種の違いなんて全体のほんの数パーセントの遺伝子に見られる違いにすぎない。あとの九十何パーセントは、地球上のどんな人でも全部共通です。

僕の目標は、地球上のすべての人類はいったいどこから来たのか、どのような歴史によって現在のようになったのか、ということを調べることです。最近、二十三種類の遺伝子のデータを使って世界中の二十五の民族集団の系統樹を作りました（図17）。

昔、アリストテレスというギリシャの哲学者がいました。いまから二千年以上前、日本ではまだ縄文時代だったころに、ギリシャでは「自然における人の位置」などと

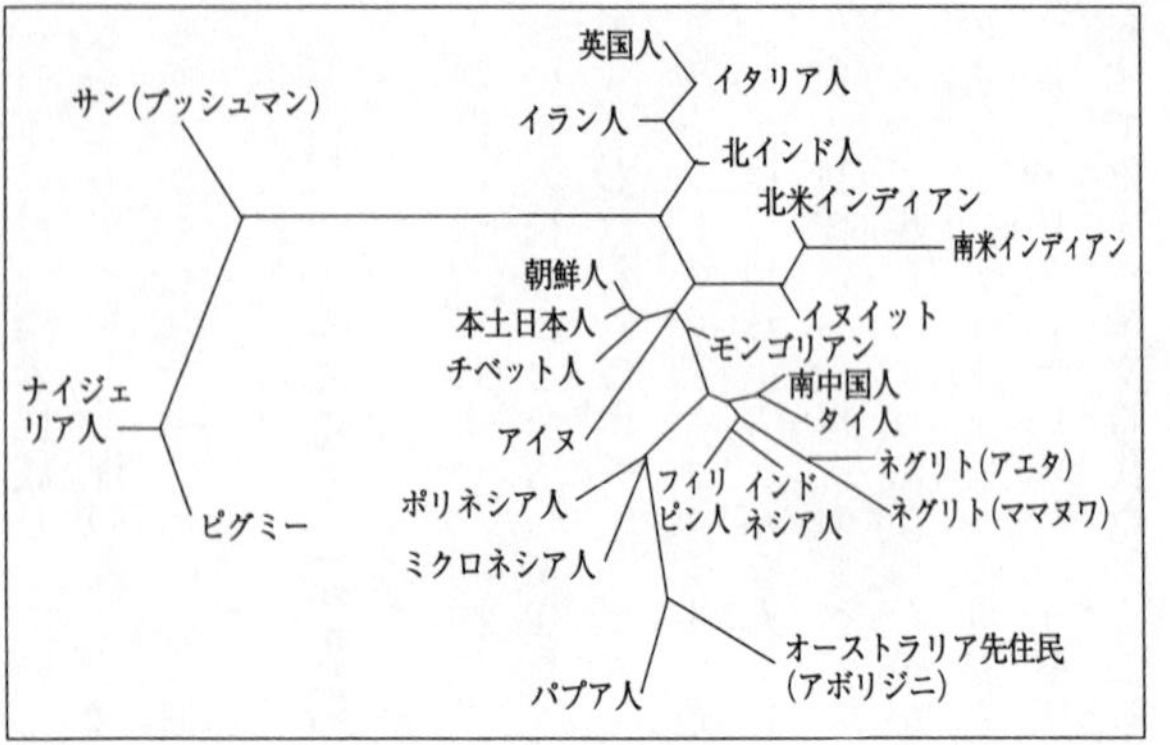

図17　系統樹（1995年）

いうことを研究していたんですから、ギリシヤというのはすごい国だね。

そのアリストテレスは、「人は動物とは違う」と言った。つまり理性があるから動物ではない、と言いました。動物ではないとどこまで本気で思っていたかは知らないけれど、とにかく、そうアリストテレスは言ったわけです。それを、人々はずっと信じていたわけです。

ところが、最近では遺伝子を調べてみると、やはりサルがいちばんわれわれに近いということがわかったのです。サルはいま世界に百九十種類ぐらいいますが、その中でとくにヒトに近いのがアフリカのチンパンジーとゴリラです。

以前はチンパンジーとゴリラを、オランウ

ータンと一緒にしていたけれど、そうではない。これは遺伝子の研究でわかったことです。オランウータンよりもゴリラとチンパンジー、とくにボノボというチンパンジーの一種がヒトに近い。分類上、チンパンジーはヒトと同じグループに入れてよいのです。だからサルの研究をしている人は、チンパンジーのことを一匹二匹なんて数えませんよ。一人二人と数えます。チンパンジーとヒトは、遺伝子を比べるとものすごく似ているのです。

しかし、じつは、生物としての両種の間には大きな違いがあります。それはなにかというと、チンパンジーは自然を破壊しない。世界中に広がって飛行機に乗ったり、電気をつけたり、そういう文明というものを持っていません。なぜでしょう？　なぜヒトだけ文明を持つようになったのか。

そして、いまや世界の人口は六十億ですよ。いまから一万年前の世界の人口は、たぶん八百万ぐらいだった、という研究があります。だいたい生物の種類というのは、そんなにめちゃくちゃに増えるはずがないんです。

チンパンジーはアフリカにいますね。アフリカにいま何匹いるか知りませんけれど、そんなに多くはいないでしょう。おそらく一万匹いるかどうか……。数千匹かもしれませんね。一方、ヒトのほうは世界中に広がっています。

それから、ヒトは、生きていくのにものすごくお金がかかるわけです。チンパンジーたちはそんなにお金がかからない。そのへんのものを食べて、そのへんで寝て。ところがみなさんはどうですか。生きていくためには、ずいぶんお金がかかるでしょう。生きていくためにお金がかかるのは人類だけです。そういうことを、みなさんは考えたことがありますか。当たり前だと思っているでしょう。でも、自然界の法則からみると当たり前ではないんですよ、これは。

そういうことをちゃんと考えないと人間のことはわからないし、自然のこともわからない。

ましてや自然保護だとか環境がどうとか言う人が大勢いるけれど、ほんとうに人間のことがわかって、あるいは自然のことがわかってそういうことを言っている人と、そういうことをまったく知らないで、みんなが言うからただなんとなく「自然が大事」と言っているだけの人とがいます。僕らが見ると、ちゃんとわかります。

みなさん、これからは自分で考えてください。人の言うことだけを丸おぼえしていてはだめですよ。こんなことを言うと、先生に怒られるかもしれないけれどね。先生の言うことは正しい、だけど学校で教わることの奥に、なにか大事なことがあるのではないか、という疑問をもつことが必要です。

成功のひけつ

1. 好奇心　（なにかを好きになる、人まねはしない）
2. 集中力　（やるときは、わき目もふらずに）
3. 持続力　（すぐにあきてはだめ、ねばり強く）

図18　成功のひけつ

「絶対的な真理」というのはないんです。絶対的な真理というのも人間がつくったものです。みなさん方も人間だ。だからもしかしたら、みなさん方も絶対的な真理というものをつくれるかもしれない。しかし、それにはよくよく考えて、自分で勉強しなければだめですよ。あるとき思いついたり、朝起きたりしたとき絶対的な真理がわかったなんて、そんなことはありません。

最後にもうひと言。前にも言ったように、若い人にとっていちばん大事なことは「好奇心を持つ」ことです。次に、一つのことに「熱中する」。そして、「やり続ける」。この三つがあれば、だれでもどんな仕事でも成功できます（図18）。

それでは、僕の授業はこれで終わります。

＊図11～15は、C. S. Coon "The Living Races, of the World"（1965 A, Knopf, New York）より転載。

三国志

井波律子

授業の内容

◆人間中心に書かれる中国の歴史書
◆「反乱」と「群雄」
◆勝敗は軍事力だけでは決まらない
◆天下統一の戦い
◆魏・蜀・呉——三国の形成と滅亡
◆正史と小説はどう違うか

＊一九九六年九月三十日
京都市立桂坂小学校五年四組

▼「井波律子です」と自己紹介して板書する。

続いて「三国志」と板書し、「みんな三国志を知ってる？」と尋ねる。

かなりの数の子どもたちが手を挙げる。

こんなにたくさんの人が知っているなら、話しやすいですね。

今日は「三国志」の全体のお話をします。

「三国志」とはどういう時代か、どういう人が活躍するか、という全体のお話です。

人間中心に書かれる中国の歴史書

「三国志」には、歴史と小説のお話と、二つあります。

▼「歴史」と「小説」と板書。

この二つはどんなふうに違うか、いまの小説がどういうふうに生まれてきたか、そういうことを一緒に話したいと思います。

「三国志」に書かれている時代は、いまから千七百年から千八百年前のことです。いま一九九六年ですから、ものすごく昔の話ですね。

そんな昔の話がどうしてわかるか、どんな人がいてどういうことをしたかなどということがどうしてわかるか、と思いませんか。

それは、中国には正史《せいし》と呼ばれる歴史書があるからです。

▼**「正史」「2世紀の終わり〜3世紀の終わり」と板書。**

「三国志」はもともと、この正史の中に記述されたものです。

いつ書かれたかというと、「三国志」の時代が終わったちょっとあとに、陳寿《ちんじゅ》という人が、『正史三国志』をまとめたのです。

▼**「陳寿」「正史三国志」と板書。**

三国というように、三世紀の初めから三世紀の終わりの中国は、三つの国に分かれていました。

三つの国というのは、魏《ぎ》、蜀《しょく》、呉《ご》の三つです。

ですから、正史も三つの部分に分かれています。

「魏書《ぎしょ》」に書かれている魏は、あとでもお話ししますが、英雄の曹操《そうそう》がもとをつくりました。曹操は皇帝にはならなかったけれども、曹操の子孫たちがつくったのです。

「蜀書《しょくしょ》」に書かれている蜀は、劉備《りゅうび》という人がつくった。
「呉書《ごしょ》」に書かれている呉は、孫権《そんけん》という人がトップになっている国です。

▼「魏」「蜀」「呉」あるいは「曹操」「劉備」などのキーワードを板書し、ふりがなを振り、その言葉を指し示しながら説明をする。

難しい字は、字そのものの説明もする。

絶えず、板書された言葉を指で示したり、丸で囲んだりしながら説明する。

黒板に書く場所がなくなると、消して書く。消した言葉が説明のためにまた必要になると、再び板書することになる。

このことは、授業全体を通じて行われた。

「三国志」は、このように三つのグループに分かれて書かれています。

ふつうみなさんは、歴史書というのは、何年にどういうことが起こったかということが時代順に書かれているものだ、と思っているはずです。

ところが中国の歴史書は、どの世紀のものも、人物の伝記が書かれています。

たとえば、「魏書」なら、曹操の伝記がいちばん初めにきて、そのあと、魏の国で活躍した人たちの伝記がずうっと並べられていく。

「蜀書」も同じです。劉備の伝記が最初のほうにきて、そのあとに蜀で活躍した人の伝記が続いている。その人がどこで生まれて、どういうことをしたかということが書かれている。

そういうふうに、伝記が並べられている形になっています。こういう形を、列伝体《れつでんたい》といいますが、これが中国の歴史書のいちばん大きな特色です。

▼「列伝」と板書し、「伝」は伝記の伝、「列」は並べる意味であると説明する。

できごとが起こった順に書いてあれば、いろいろな人がいっぱい出てくるので、各人物の印象、イメージはあまりはっきりしない。ところが列伝体だと、たとえば曹操の伝記ならば、曹操を中心にして書いてあるので、曹操がどういう人かはっきりわかる。

また、列伝体では、活躍した人々の伝記をだいたい時代順に並べてあります。各時代の中で、できごとなどをぱっと見るのにはちょっと不便なところがありますが、その時代にどういう人が活躍し、どういう行動をしたか、どういうふうに考えたかということはものすごくよくわかる。

だから、人間中心の歴史といえると思います。

では、陳寿の書いた、正史の「三国志」に収められた人々の伝記から、どういう時代の流れを汲《く》みとれるか、よく知っている人もいると思いますが、簡単に説明します。

「反乱」と「群雄」

「三国志」の前の時代に、中国を支配していたのは、後漢《ごかん》という王朝でした。その前に、前漢《ぜんかん》があって、二つ合わせて四百年間も中国を支配していました。だいたい王朝というのは、三百年か四百年くらいするとだんだん衰えてくるのがふつうです。

衰えてくると、悪い役人なんかがいっぱい出てきて、世の中が乱れるようになり、ぜいたくばかりする皇帝が生まれたりする。

後漢もそういうふうになって、二世紀の終わりごろになるとものすごく衰えてきます。政治が乱れ、経済状態も悪くなり、世の中がめちゃくちゃになってしまいます。そうすると、食べていけない人などがいっぱい出てくる。そういう人たちが集まって、黄巾《こうきん》の乱が起こったのです。

▼この間、「後漢」「前漢」「黄巾の乱」と板書。

黄巾というのは、黄色いはちまき、ターバンのことで、それを巻いた人たちが反乱を起こしたのです。

貧しい人たちが、新興宗教（太平道《たいへいどう》）の教祖の下に集まり、後漢王朝を滅ぼし、もっと楽な生活ができるような世の中にしたいと反乱を起こしたのです。

黄色いターバンを巻いた理由は、戦っているとき、目印がないと敵か身方かわからず相討ちになるので、黄巾のグループの人を見分けるためです。だから、この反乱を黄巾の乱といいます。

この反乱はなんとか治まったのですが、その次に、董卓《とうたく》の乱が起こった。

▼以下の説明をしながら、「董卓の乱」「洛陽《らくよう》」「呂布《りょふ》」「群雄」を新たに板書する。また必要に応じて、すでに板書してある「曹操」「劉備」「孫権」の人名を丸で囲んで説明する。

董卓という人は、非常に強力な武力を持った武将ですが、単純な言い方をするとたいへんに残酷で悪い人だった。

後漢の王朝が乱れて弱くなったとき、この董卓は強力な軍隊を率いて後漢の都である洛陽に乗り込んできて、後漢の皇帝を殺してしまいます。

そして、代わりに皇帝の弟を新しい皇帝にした。董卓は、新しい皇帝は自分の言うことをきく人物だと思っていましたし、いずれ自分自身が皇帝になるつもりだったのです。

この董卓の乱で、後漢はだめになり、実際には滅びてしまいます。

董卓に反対する武将はいっぱいいいましたが、まともにぶつかると具合が悪いので、それぞれ洛陽を出て各地に散らばり、兵隊を集めて、自分の勢力を伸ばしていきました。

この大勢の強い武将を「群雄」といいますが、先ほど出てきた、曹操とか孫権のお父さんの孫堅《そんけん》などもこれに当たります。劉備はまだ大したことはなかったけど、すでに群雄の一人でした。

それらの群雄が手を組んで、なんとか董卓をやっつけようとするわけですが、なかなかうまくいかない。

なぜなら董卓には、「三国志」の中でいちばん強いといってもいいくらいの武将、呂布がついていたからです。

呂布はあんまり頭は賢くはなかったのですが、むちゃくちゃ強い。そして、その呂布が董卓とうまくいかなくなり、とうとう董卓を殺してしまいます。

董卓が殺されたのだから、また前の時代にすうっと戻るかというとそうはいきません。なんとか協力して董卓を殺そうとしていた群雄が、今度はおたがいに戦うことになります。

皇帝はいるといってももはや力がない。軍隊を持った群雄が、それぞれ他の群雄をつぶして自分だけが支配者になろうとしたのです。

そういう状況のもとで、群雄の間にものすごい戦争が起こった。その戦争がいちばん激しかったのが華北《かほく》という場所でした。

うまく地図は描けないけど、華北というのは、中国大陸の北のほうに流れる黄河の流域です。

南のほうに流れているのが揚子江。中国の人は揚子江という言い方をあまりしないで、長江といいます。

▼中国の地形のおおよそを説明しながら、地図1を板書する。これから以後の授業は、この図をしばしば指し示し、ときには新しい要素を書き加えながら行われる。

西から東に流れている、この黄河を中心にした地域が華北です。

勝敗は軍事力だけでは決まらない

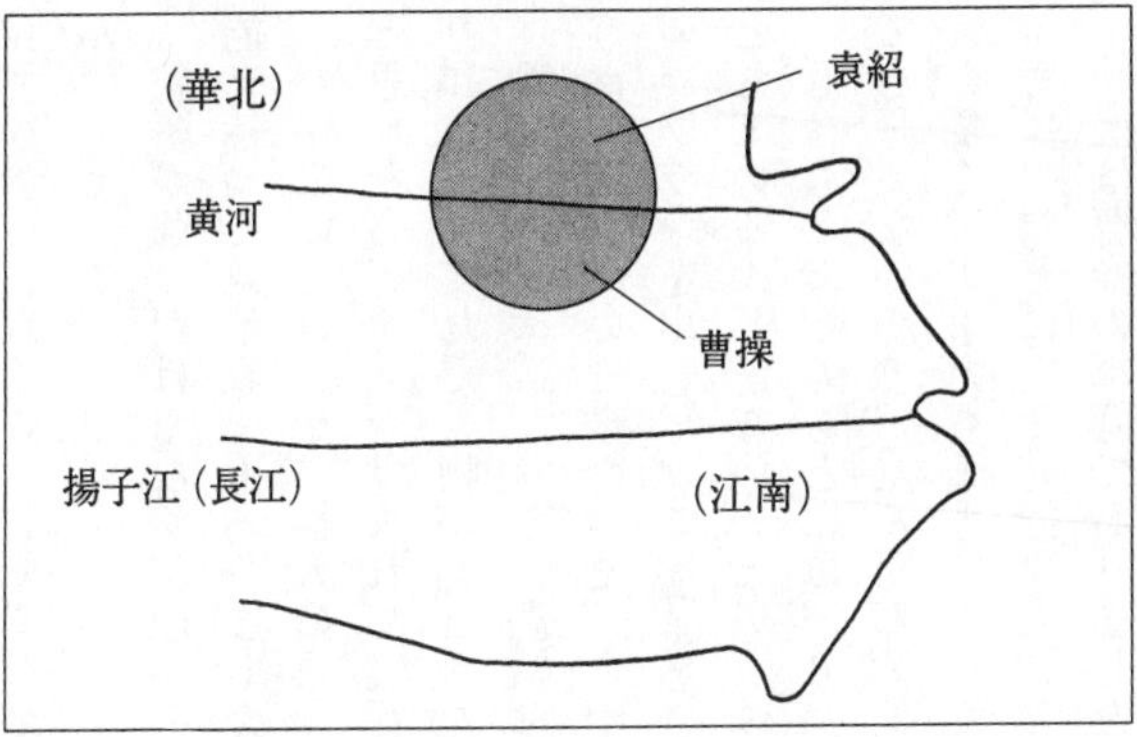

地図１

華北は当時、中国の文化や政治の中心地でした。だから、ここをおさえれば中国の中心地をおさえたことになる。というわけで、群雄の戦いはこの辺りでいちばん激しく、たがいに他をつぶし合おうと必死になりました。

結局、勝ち残ったのは二人でした。曹操と、もう一人は袁紹《えんしょう》。

袁紹は黄河の北側、曹操は南側に陣取り、二人はどっちが華北を支配するか戦った。それが有名な官渡《かんと》の戦いです。

そして、曹操が勝って、華北の勝利者になります。二〇〇年のことです。

▼この間、「曹操」「袁紹」「官渡の戦い」と板書し、丸で囲んだり、バツをつけたりして説明する。

小説などの影響で、曹操というとどうして

もずるがしこいイメージを持ちがちですが、歴史に書かれた曹操はそうではありません。

戦争が強いだけでなく、政治のことや経済のことがすごくよくわかる、すぐれた才能を持った政治家でもありました。

心が広いというか、他人の言うことをよく聞く人物であり、人の意見をそのとおりと思ったら、すぐ受け入れて実行する。そういうところがあった。だから、曹操の周りには、すぐれた人物が集まったのです。

負けた袁紹は逆だった。袁紹は、生まれも育ちも立派な人でしたが、心が狭いというか、疑り深い性格だった。人がなにか言ってもなかなか信用しない。自分の家来がいいプランを出して、「こうされたらどうですか?」と提案しても、自分を陥れようとしているんじゃないかというふうに思って採用しない。

もともと袁紹のもとには、りっぱな家来がいっぱいいたのですが、言うことを聞いてもらえないので、だんだん袁紹を見放すようになる。そのために、曹操より兵隊の数も多く、軍事力も強大であったのに、滅ぶことになったのです。

曹操の周りにいた有能な人物の代表は荀彧《じゅんいく》です。

荀彧は曹操の軍師でありました。

▼「荀彧」「軍師」と板書。

軍師というと戦争をとりしきる人のように考えられるが、「三国志」の軍師は、戦争のことだけでなく、国全体をどう動かしていくか、あるいは自分の主君がどういうふうに行動すればいちばん有利か、ということを全体的に判断します。曹操の軍師荀彧は、そういう意味ですぐれた軍師でした。

もともと荀彧は袁紹のところにいたのですが、袁紹に愛想をつかして、曹操の軍師になったのです。そんなわけで、袁紹は戦争で負けるより先に、人間的な魅力とか、人の意見を聞く態度とか、いろいろな面で曹操に負けてしまっていたのです。

だから、武力の時代でも、武力や軍事力があるほうが勝つかというと、必ずしもそうはいえません。戦争において軍事力が強大なほうが勝つということであれば、袁紹が勝つに決まっていました。ところが、勝ったのは曹操のほうでした。

曹操は軍事力こそ劣っていたが、いろいろな優秀な人を集め、心を広く持って、彼らの意見をよく聞いたために、最終的に勝利しました。軍事力そのものは、袁紹の十分の一くらいしかなかったのです。

「三国志」のおもしろいところは、こんなところです。

三万の軍隊を持っている者が、一万の軍隊を持っている者に必ず勝つのであれば、全然おもしろくない。百万の軍隊を持っている者がいつも勝つんだったら、全くおもしろくない。ところが、三万の軍隊しか持っていないほうが、十万あるいは百万の軍隊をやっつける。相撲で舞《まい》の海《うみ》が大きな小錦《こにしき》をひっくり返すような、そういう意外なところがおもしろいのです。

天下統一の戦い

曹操は、ともかくこうして華北をおさえました。北のほうを全部支配して、その支配する地域はずいぶん広くなりました。しかし、この時代の英雄の理想は、中国全体を支配すること、天下を統一することです。北をおさえた曹操は、当然、中国の南のほうも自分の力で支配したいと考えます。それで、今度は百万の大軍勢を率いて、南に攻めていきます。長江を渡って、南全体を支配しようと願ったのです。首尾よく南中国も治めることができれば、天下統一を果たすことができる。

ところが、その曹操にまったをかけた人がいた。さっきも黒板に書いた、劉備と孫権です。

劉備という人は最初、華北にいました。

その劉備には、豪傑の関羽《かんう》と張飛《ちょうひ》という非常に強い家来がいました。
▼天下統一の説明では中国の地図の真ん中に丸を描き、曹操が南下するところでは地図に矢印を書き込んで、説明を強調する。
「劉備」「孫権」「関羽」「張飛」を板書。

劉備という人は、もともと漢王朝の一族、遠い親戚だというふうに自分で言ってます。

曹操みたいに頭がいいかというと、そうではない。だからといって、力が強いわけでもない。頭も力も大したことはないのに、なんとなく魅力がある。劉備はそんな人でした。

もとは華北のほうにいて、ある程度力を持つようになりますが、結局、曹操と対立します。それで、曹操が袁紹に勝ち北中国を支配したとき、劉備は北にいられなくなって、南のほうに逃げます。長江を渡って、荊州《けいしゅう》に住むようになるのです。
▼「荊州」と板書すると、すでに描いている地図で位置を示す。
この荊州は「三国志」の要所で、これから以後、何度も地図で位置を示すことになる。

劉備には、関羽や張飛など豪傑はいっぱいいたが、軍師には恵まれなかった。豪傑がいるだけでは大きな戦争には勝てません。全体を見渡す軍師がいなければ、さっきの袁紹のように、戦いに負けてしまいます。

ところが、劉備が荊州にいたとき、すばらしい頭脳を持った軍師を得ました。それが諸葛亮《しょかつりょう》です。

▼「諸葛亮」と板書し、諸葛が名字、亮が名前であること、また中国では本名のほかにみんな字《あざな》を持っていて呼ぶときはだいたい字で呼ぶこと、諸葛亮の字は孔明《こうめい》であることを説明する。

こうして劉備がすばらしい軍師を得て、自分の勢力をなんとか伸ばそうとしたときに、曹操が百万の軍隊を率いて荊州に押し寄せてきたのです。

劉備の軍勢はせいぜい二万。これではまともに曹操の大軍と戦えないと、劉備、諸葛亮、関羽、張飛は必死になって南に向かって逃げました。

そして、さてこれから先どうするか。

長江の南東のあたりを、江東《こうとう》といいます。いまの上海などがあるところです。

ここを代々支配していたのが、孫権の一族でした。孫権のお父さんの孫堅も武勇にすぐれた人でしたし、お兄さんの孫策《そんさく》も天才的な武将でした。この父と兄の死後、跡を継いだ孫権が江東を支配してきたのです。だから、孫権にとっても、曹操が南に攻

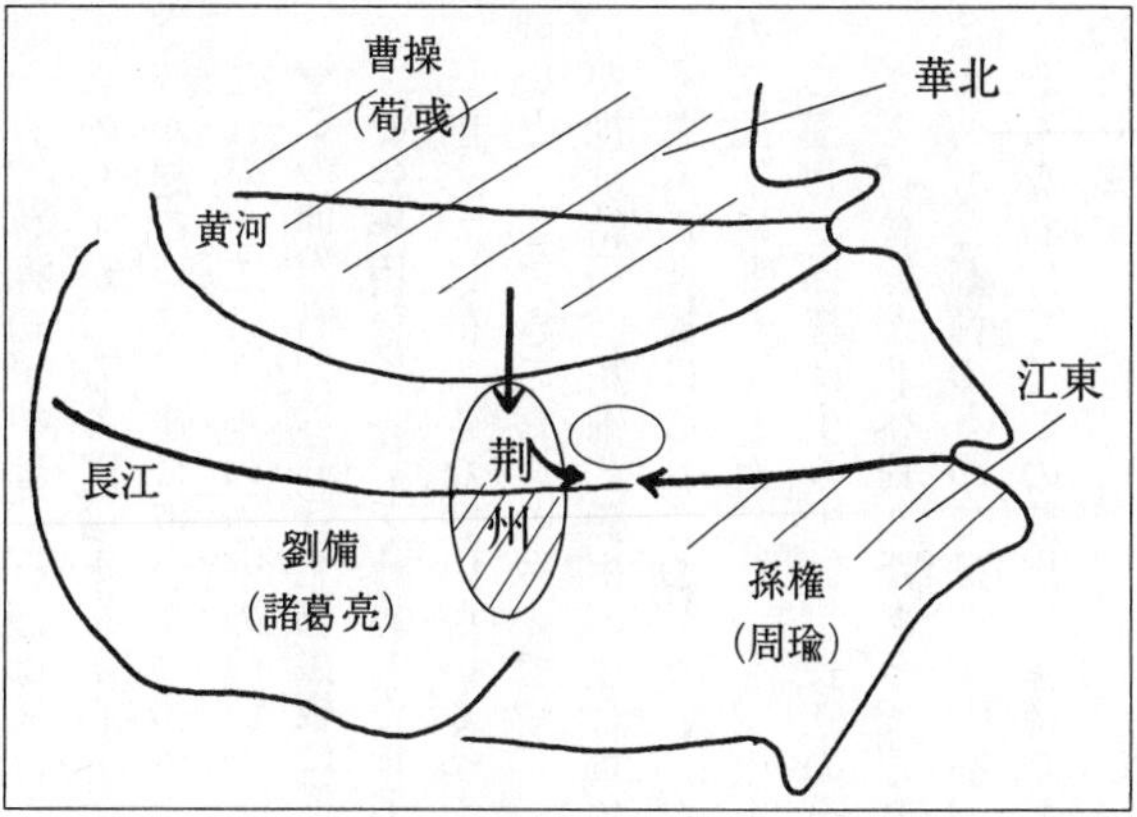

地図2

めてくることは大問題です。

曹操の百万の軍勢にはとても太刀打ちできない、と言って、孫権の家来の中には、戦う前にさっさと曹操に降伏してしまったほうがいい、と言う者もいました。いや、降伏なんてはずかしい、戦うべきだ、と言う家来もいました。

それで、家来たちの間には論争が起こりますが、結局、孫権は劉備と手を組み、曹操と戦うというふうに、状況は展開していきます。

このとき、曹操には荀彧、劉備には諸葛亮、孫権には周瑜《しゅうゆ》と、それぞれ軍師がいました。

この周瑜が、曹操と戦うにあたり、率いる軍勢はおよそ二万でした。

一方、曹操の軍勢は、百万は大げさとしてもその半分の五十万くらいはいました。

このわずか二万の周瑜軍を中心とする、孫権・劉備の連合軍が曹操の大軍と戦い、奇跡が起こって、連合軍が勝つのです。

これが、二〇八年の赤壁《せきへき》の戦いです。

▼この間の説明は、しばしば黒板に描いた地図にもとづいてなされる。その地図には、新しく登場した地名や人物の名前がすべて書き込まれる（地図2参照）。

「三国志」には大きな戦いがいくつもありますが、なかでも大きいのが、この赤壁の戦いと、さっきの官渡《かんと》の戦いです。

曹操は結局、劉備と孫権の連合軍に追い払われて、北に帰りました。

もちろん曹操はこれでおしまいになったわけではなく、北のほうは依然として曹操の支配下にありました。しかし、南をおさえて中国を統一する夢は消えたのです。

こうして孫権は生き延び、長江の東南部を拠点に勢力を保ちつづけるのです。

さて、曹操が北へ帰ったあと、だれが荊州を支配するかで争いが起こります。荊州はもともと劉備のものではなく、荊州に居候《いそうろう》していたにすぎませんでした。

そんなわけで、この荊州を孫権がとるか劉備がとるかをめぐって、ものすごい争いになります。

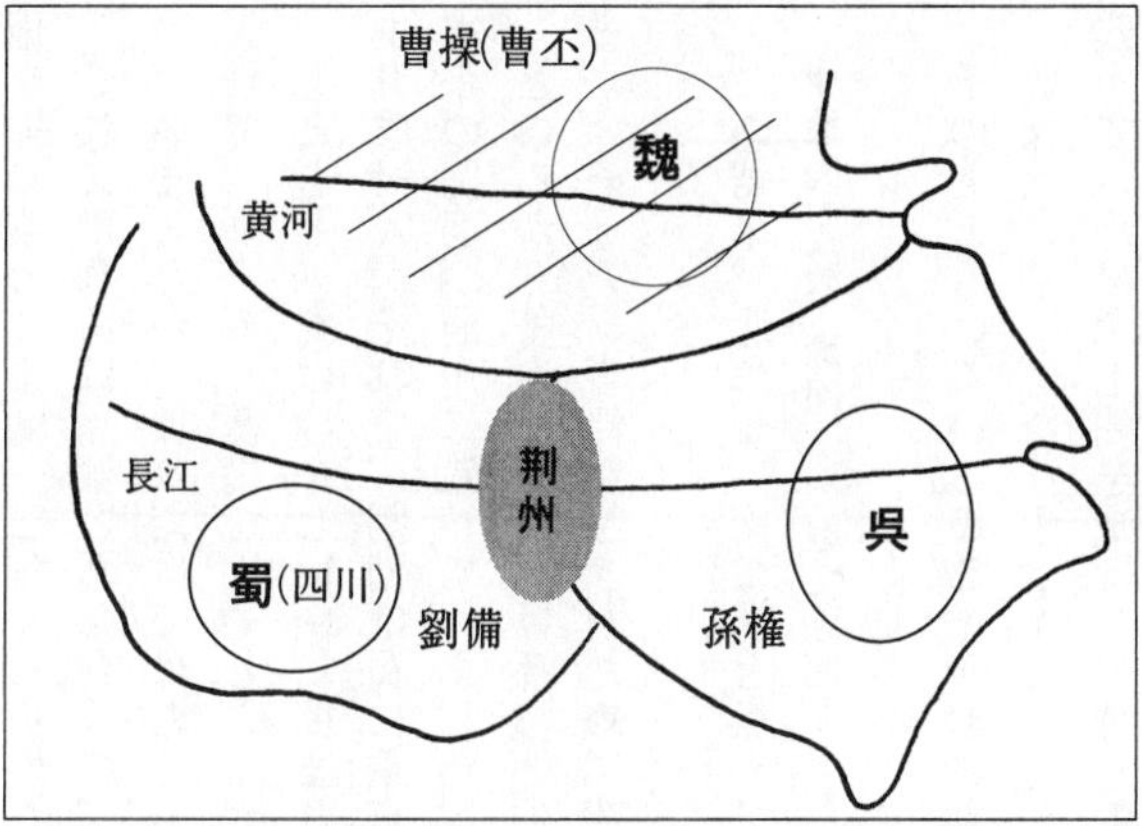

地図3

それぞれの軍師である、周瑜と諸葛亮の二人がすさまじい頭脳戦を展開します。

ところが、残念なことに、途中で周瑜が病気のために死んでしまったために、荊州は、一応、劉備が治めることでけりがつきます。

魏・蜀・呉──三国の形成と滅亡

地図（地図3）を見るとわかるように、荊州の西にあるのが蜀です。いまの四川《しせん》省《しょう》です。

ここをどうするかが、つづいて問題になります。孫権も劉備も、みんなここをほしいわけです。

そのとき、諸葛亮が戦略を立てて、劉

備を蜀に攻めこませ、三年ぐらいかかりましたが、とうとう蜀を手に入れました。

それまで劉備は孫権と話し合って、中国のおへそみたいに大事な荊州をなんとか保っていましたが、これだけではどうも不安定です。そこで蜀に目を付け、これを手に入れて、ようやく基礎を固めることができたのです。

もともと、蜀はけわしい山に囲まれているので、かんたんに敵に攻められることはありません。それで、劉備は蜀に重点を移したわけですが、このときはまだ、劉備の家来の関羽が荊州に残っていました。

ところが、まもなく関羽は孫権と仲たがいして戦争になり、孫権に殺されてしまいます。そういう事件が起きたため、荊州は孫権の支配下に組み込まれることになります。

この結果、北に魏、南に蜀と呉が分立する、三国時代が始まります。

▼地図1は、地図2を経て地図3となり、「三国志」の地図ができあがる。

そのあともいろいろなことが起こります。

曹操は皇帝にはなりませんでしたが、曹操の死後、曹操の息子の曹丕《そうひ》が、名前だけ残っていた後漢王朝を滅ぼして魏王朝をつくりました。

劉備が蜀王朝をつくり、ちょっと遅れて孫権も呉王朝をつくり、魏・蜀・呉の王朝ができあがりました。

このあとの「三国志」のドラマは、次のように展開します。

劉備が死んだあと、諸葛亮は、三国のうちで最も小さな蜀から打って出て、魏を攻めようとしました。これを、「北伐《ほくばつ》」といいます。

しかし、魏に打撃を与えることができないうちに、諸葛亮は死んでしまいます。

その後、魏・蜀・呉の三国は、魏を受け継いだ西晋《せいしん》王朝に滅ぼされ、三国時代は終わります。西晋は諸葛亮のライバル司馬懿《しばい》の子孫が立てた王朝です。この西晋が三国を滅ぼし、中国全土を統一したのは、二八〇年のことです。こうして後漢末（二世紀の終わり）から始まった「三国志」の乱世は、ほぼ百年で終わります。

細かい、おもしろい話は他にいっぱいありますが、「三国志」の世界はおおよそはこういうふうに展開されます。

正史と小説はどう違うか

正史の「三国志」は、曹操、劉備、孫権のだれをひいきにするということなく、わりと公平な立場から坦々《たんたん》と書かれています。

ところが、いまは大ざっぱに話しただけですが、「三国志」には、とびきりの英雄や豪傑など、おもしろい人物がいっぱい出てきます。登場する人物がおもしろい、時代がおもしろいというわけで、だんだん芝居や講談などで取りあげられるようになります。

講談というのは、みなさんは聞いたことがないと思うけど、講釈師がいて、歴史などから題材をとり、いろいろおもしろい話をお客さんに語って聞かせるのです。「三国志」は、この講談の世界でたびたび取りあげられるようになります。

講談では、歴史そのままではなく、歴史をちょっと変えて、話をおもしろおかしくする。聞いてくれる人がおもしろいと思うように、講釈師は話をいろいろ作りかえるわけです。

講談を聞く人々の間で、人気があったのは、劉備や諸葛亮のほうであり、敵役《かたき》、憎まれ役は、曹操でした。劉備をいじめてばかりいるから、あいつは悪いやつだということになるのです。もともと、歴史ではそんなことはないのですが、講談や芝居の中では、曹操のイメージはだんだん悪くなっていくのです。

「三国志」の時代から九百年くらいたった北宋《ほくそう》の時代、いまから千年余り前ですが、そのころすでに講談や芝居の中で、曹操はものすごく悪い人で、劉備は非常にいい人だという形ができあがっていたことを示す記録があります。

そのころ子どもたちは、町でやってる講談を聞きにいくのが好きだった。子どもたちは、劉備が曹操をやっつけたという話になると、「やった」と大喜びをしたというものです。

みなさんが、テレビドラマの中でいやらしそうな悪い人がやっつけられると、胸がすうっとするのと同じだったのではないでしょうか。

こんなふうに歴史の「三国志」がだんだん作り替えられて、みんながおもしろいと思うような形の物語がいろいろ作られていきます。そうして、劉備の物語や諸葛亮の物語、関羽や張飛の物語など、数え切れないほどの「三国志物語」が生まれました。なかには、劇画みたいなお話、でたらめなお話もありますが、とにかくおもしろい話が、次々に作られていったのです。

こうして数え切れないほど作られたいろいろな「三国志物語」をまとめて、いまから六百年ほど前の十四世紀の終わりに、『三国志演義』という本ができました。

これは、歴史ではなく小説で、いまお話ししたように、もともとは講談や芝居の中で語られてきた話をまとめたものです。だから、この『三国志演義』の中心になっているのは、やはり講談や芝居の世界でずっと語り伝えられてきた、曹操は極端に悪い人物で、劉備は欠点のない、すごくすばらしい人だというイメージです。

いま日本でよく読まれている、吉川英治の『三国志』も、この小説の『三国志演義』をもとにしています。

みなさんの中には「三国志」の話を知っている人はいっぱいいると思いますけど、今日お話ししたようなことをもっと詳しく知りたいと思う人もあると思います。歴史の「三国志」はどうなっているのか、小説の「三国志」はどうなっているのか。歴史と小説ではどう違うのか。「三国志」の歴史をどういうふうに変えていって、小説をつくったのか。そういうことを知りたいなと思う人は、ちょっといまは難しいかもしれませんが、正史の「三国志」も小説のほうの『三国志演義』も、全訳が出ています。

こういうお話はおもしろいな、ちょっと読んでみたいなと思う人は、機会があれば、両方を照らし合わせて読んでほしいと思います。

俳句

芳賀　徹

授業の内容

◆季語の中に日本人の生活がある
◆「歳時記」は俳句にかかせない
◆自然をようく見て、ひゅっと作る
◆与謝蕪村の句「小鳥来る音うれしさよ板びさし」
◆橋本多佳子「星空へ店より林檎あふれをり」
◆松本たかし「声高く読本よめり露の宿」
◆原石鼎「頂上や殊に野菊の吹かれ居り」
◆村上鬼城「小春日や石を噛み居る赤蜻蛉」
◆篠原梵「葉桜の中の無数の空さわぐ」
◆子どもたちの作句・先生の添削

＊一九九六年十月二日
京都市立桂坂小学校五年二組

私は芳賀徹といいます。

今日、この桂坂小学校に初めて伺いまして、たいへんうれしいのですが、みなさんに会うのがちょっと怖くてさっきから非常に緊張してます。

今日はなんの授業でもいいということでしたが、みなさんにわかりやすいようにと思って、国語の時間にして俳句のお話をすることにしました。

俳句は知っていますか?

▼「習ってないけど知っている」という声が上がる。

さすがだね、習わなくても知っているとは。

ハイキングのハイクじゃないよ。

季語の中に日本人の生活がある

俳句というのは、日本に昔からある詩の一つのかたち、非常に短い詩のかたちです。

詩には非常に長い詩があるでしょ。何十行もある詩を書く人もいます。

ここの小学校の校歌も詩ですね。それから、テレビで歌手が歌っているような歌も一種の詩です。

それらの詩の中で、俳句は、世界で一番小さい、一番短い詩で、だれにでも作ることができるものです。一年生でも三年生でも五年生でも、八十歳の人でも七十五歳の人でも、だれにでもできます。おばさんでもおじさんでも、お父さんでもお母さんでもできます。

▼「赤ちゃんは?」という質問の声。

赤ちゃんは言葉ができないから無理だね。それでも、三つぐらいになるとできるかもしれない。

この中で、俳句を作ったことのある人はいる?

▼かなりの数の子どもたちが手を挙げる。

ほう、えらいね。

俳句というのは非常に簡単で、「五・七・五」と使う言葉の数が十七文字しかなくて、その中に、ここに書いてあるように、季語を入れます。

▼子どもたちには、あらかじめコピーが配られている。そこには、春夏秋冬の代表的な俳

句と季語が掲載されている。

「五・七・五」「季語（春、夏、秋、冬）」と板書。以下の説明では、しばしば、この板書の文字を指し示す。

春にはいろいろな季語があります。

このへんだったら、ひばりが鳴きますが、ひばりは春の季語です。春風もそうだし、小学校の入学式も春の季語です。

それから、夏、秋、冬の季語もたくさんあります。

日本はほかの国に比べて、春夏秋冬の季節が非常にはっきりしているので、季節を選びやすいし、季節がたくさんある。

というか、季節の中に季語になるようなことがたくさん起きるわけです。

夏だったら、夕立が降る。それから、アイスクリームを食べるし、夏休みがある。

▼「水泳」という声が上がる。

そうそう、水泳もやるね。海水浴にも行く。

みなさんがやっていることが、みんな季語になるわけです。

季語をみんなつないでいくと、そのままみなさんの一年間の生活が成り立つくらいです。

いま秋ですが、秋だったら、秋の空、秋の風、秋の雨、秋の朝、秋の夜など、なんでも季語になる。それから、紅葉。ほかに、なにかある？

▼「栗《くり》」という声。

栗か。うまいね。それから？　食べ物でもいいよ。

▼「松茸《まつたけ》」という声。

なるほどね。そりゃ、上等だな。

▼「柿」という声。

なるほど、うまい。

▼「いちょう」という声が上がるが、すぐ、「いちょうはいいの？」と疑問を発する子がいる。「運動会」を挙げる子もいる。

いちょうもいいよ。いちょうは春に芽が出て、夏に青くなって、秋に黄色になる。いちょうといえば普通、いちばん目立つのは黄色い葉っぱになったときだから、いちょうは秋だね。

運動会も、普通は秋です。春の運動会もあるけど。

だから、この小学校の生活も、ほとんどみな季語の中に入れることができるわけです。

季語によって、普通の日本人の一年の生活がわかります。いろいろなお祭りも季語になる。祇園祭《ぎおんまつり》は、夏でしょ。それから、鴨《かも》川の夕涼みも夏だね。冬になると、鴨川で千鳥が「チッチ」と鳴く。

▼このあたりから、千鳥の鳴く様子や、鳥が渡ってくる情景を手振りや身振りを交えて説明するようになる。

いまごろだったら、雁《がん》が渡ってくるな。シベリアのほうから鳥が帰ってくる。来年の春までは日本列島にいる。それで、渡り鳥は、秋の季語になる。

「歳時記」は俳句にかかせない

その季語を集めて例句を挙げるとね、秋だけでこんなにたくさんある。

▼秋の「歳時記」を手に持って、子どもたちに示す。

春、夏、冬の季語も、この本くらいになる。

さらに、ちょっと難しいけど、新年、新しい年の季語も、別に一冊ある。新年には行事がたくさんあるからかな。

▼「新年」「歳時記」と板書。

このような季語を集めた本を「歳時記」といいます。

季語は「歳時記」を見ると簡単にわかります。

だから、こういう本で季語をたくさん知っていると俳句が作りやすいことになるわけですが、しかし、私たちはそんなに知らなくてもいいでしょう。

秋ならだいたい、秋の風とか、秋の空とか、きのことか、栗とか、りんごとか……。

菊の花とか、天の川とか。

▼「天の川」のところで、子どもの「エッ」という声。

天の川は、夏ではなく秋なんだよ。天の川がほんとうにきれいに見えるのは秋だね。

夏には、ぼやっともやがかかってよく見えない。知らなかった?

▼天の川を示したりする手振りが激しくなる。

また、たびたび子どもに質問しながら授業を進める。

「歳時記」を掲げることも多くなる。

この「歳時記」の中には、昔の人がこれまでそれぞれの季語を使って作ってきた俳句が選ばれて、お手本として載っています。一つ一つの季語についても、くわしく説明してあります。ですから、とても便利です。

たとえば、「雲雀《ひばり》」という季語には、ひばりというのはどんな鳥か、どういう声で鳴くのか、ひばりのいろいろな説明がなされています。空に舞い上がるときの鳴き声、ひばりの色、ひばりの卵などについての説明がある。

そして、その季語を使った俳句が、芭蕉《ばしょう》の俳句から、最近の人が作ったすぐれた俳句までがみなまとめてあって、この「歳時記」を開けると、どういう俳句があるかだいたいわかるのです。

自然をようく見て、ひゅっと作る

みなさんに、この授業の終わりのころに、ちょっと俳句を作ってもらおうかな。なんでもいいよ。このコピーに、秋の俳句もたくさん載ってるでしょ。

▼「作れた」という声。先生が「作れた?」と聞くと、「でも、冬」とためらう。「冬でもいいよ。ぱっと言ってごらん」と先生に励まされ、「雪の上に二の字二の字のげたの跡」という句を発表する。先生は、その句を繰り返し、「二二」という字を板書する。

そんなふうに、ひゅっと作ればいいのです。でも、これは、江戸時代の捨女《すてじょ》という女の子が作った「雪の朝二の字二の字の下駄の跡」というのにそっくりだね。おばあさんからでも教わったかい。

俳句は「五・七・五」と短いから、たくさんのことを盛り込むことはできない。だから、自然をようく見ていて、その間におもしろいことをひゅっと見つけないといけない。いまの、この「二」の字はたしかにおもしろいんだけどね。

そういう小さいことを、ひゅっと見つける。そして、それを季語に結びつけて、「五・七・五」の中に入れる。そうすると、俳句ができる。

ぼくは東京の小学校にいたのですが、戦争中でみなさんとちょうど同じ五年生のとき、担任の先生が国語の先生で、自分で俳句を作る先生だった。それで、ぼくたちにも、ひと月に何回か俳句を作らせた。ぼくたちが紙に俳句を書いて提出すると、先生はそれをみんな黒板にずらっと書くわけ。その中のどの俳句がいいか、みんなで投票して、票が一番たくさん入った俳句が「天」になる。たとえば、四十人のうち十五人が票を入れたらその句が「天」、次にたくさん票が入った句が「地」、その次の句は「人」となる。

▼**「天15、地12、人7」と板書しながら、この選考方法を説明する。**

こうして、一番、二番、三番を選ぶのですが、ぼくが五年のとき、よく「天」に選ばれました。

▼**子どもたちは、笑う。**

「いま、一つ覚えているのがあります」と言って、「夏風や汽笛那須野にひびきけり」という句を板書する。

汽笛というのは知っている？　いまは電車だから「ピー」という音だけど、昔のは蒸気機関車だから「ボーッ」という音だった。

那須野《なすの》は、知らないだろうな。栃木県の宇都宮の北にある。東京から東北線でずっと北の方に五時間ぐらい行った所で、遠くのほうに山があって、その前に広い高原が広がっている。そこが那須野です。

「夏風や汽笛那須野にひびきけり」。これは、ぼくが五年生のときの夏休みに、東北にいるおじいさん、おばあさんの所に遊びに行ったとき、汽車の中でほんとうに経験したことです。

東北線の十何両かの汽車が、モクモクと煙を上げる機関車に引っぱられて、青々と広い那須野の平野を行くわけです。家はあんまり建っていません。夏の風が吹きめぐっている。その風に乗って、「ボーッ」という声が平野一面に広がっていく。夏の昼間、広い高原を行く汽車の姿と、汽笛のひびき。それを詠《よ》んだ。夏休みが終わって、担任の先生に、こういう俳句を作りましたと提出しました。そしたら、「天」になった。

そのころからぼくは、「おれは俳句がうまいんだな」と思って、俳句をよく勉強するようになった。そして何十年か経《た》って、江戸時代の京都の俳諧師《はいかいし》、俳句の詩人だった与謝蕪村《よさぶそん》の本を書いたりするようになった。

だから、みなさん、五年生のころって、なかなか大事な時期なんですよ。いま、「おれは俳句がうまい」と思うと、将来、俳句を作ったり、研究したりする人になるかもしれない。

与謝蕪村の句「小鳥来る音うれしさよ板びさし」

みなさんに配っていただいたコピーには、昔の俳人から最近の俳人までの俳句が、ごちゃ混ぜになっていくつか並んでいます。

▼「俳人」と板書し、「俳人とは俳句を作る人である」と説明する。

なるべくわかりやすい、おもしろい俳句をいくつか選んで挙げてみました。時間がないので全部は読むことができませんけど、いくつか読んでみましょう。

いまは秋だから、秋の俳句を読みます。秋の中で最初に挙げた俳句は、与謝蕪村のものです。

与謝蕪村は、京都の俳人ですね。京都の烏丸四条《からすましじょう》をちょっと南に下がったあたりの、小さな家に住んでいた。十八世紀の人で、一七一六年に生まれて一七八三年に死んでいます。

▼「1716—1783」と板書。

だから、いまから二百何十年か前の人です。でも、俳句を見てみると、ちっとも昔の人という感じがしない。

最初に挙げた俳句は、「小鳥来る音うれしさよ板びさし」。

▼三回繰り返して読むが、三回目は指を折って音数を確かめながら読む。

「小鳥来る」というのは、さっきもちょっと言ったけど、渡り鳥だね。秋になると、渡り鳥がシベリアのほうから日本列島に帰ってくる。いっぺんに何万羽と来ることもある。ツグミやヒワなど、いろいろな鳥が帰ってくる。雁も帰ってくる。

しかし、この俳句に出てくるのは、そんなに多い数ではなく、その中の何羽かで、京都の山から町なかの蕪村の家にやってきた。

「板びさし」というのは、みなさんには難しいかもしれないね。「ひさし」は知ってる？　いまは、ひさしのある戸とか窓は少なくなったけど、こういうふうに家があって、窓があって、窓の上に小さい薄い屋根がある。

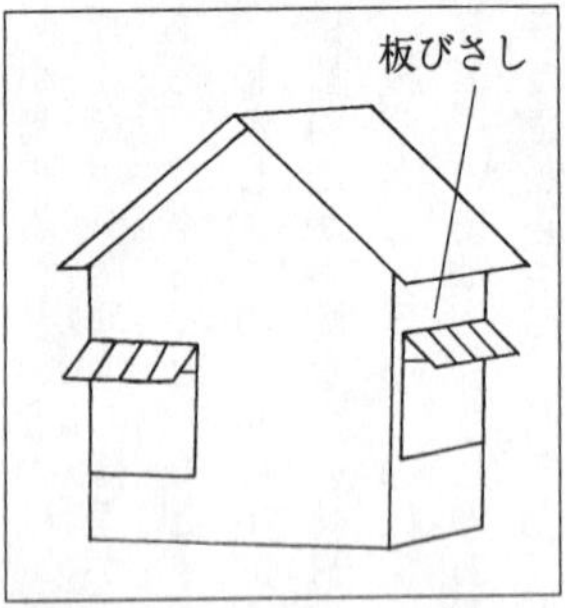

図1

▼説明しながら、図1のような昔の家を黒板に描く。

自動車の窓でも、その上に、ちょっとひさしが出ていることがあるね。雨が窓の中にまっすぐ垂れてこないようにしている。あれと同じような感じね。

昔の日本の家には、こういうひさしが必ずありました。縁側の戸の外にもあった。

簡単な造りで、壁に支《ささ》えの木を掛けて、その上に横に二本ぐらい木を渡して、その上に薄い木の皮や板を乗せてとめるわけ。

そうすると、日差しが強く差し込まないし、雨が降り込まない。非常に便利です。板でつくってあるから、板びさし。

「小鳥来る音うれしさよ板びさし」。

この感じはわかるかな？

いまから二百年以上前の京都の町の中。秋になって、小鳥たちが北の方から帰ってきた。そのうちの何羽かが京都の町の中に飛んできて、この蕪村さんの家の窓のところにも来た。蕪村さんが家の中で本を読んでるかなんかしていると、家の外のひさしのところを、その鳥がとととととっと歩く。小鳥の小さい足で、ととと、とととっと歩く音を家の中で聞いていて、蕪村さんは、毎年、いまごろになると帰ってくるツグミやヒワなどだなと思う。ああ、また秋が来た。今年も秋になって、小鳥たちは無事に帰ってきたな。そう思って、「ああ、うれしいな」と感じた。それを俳句に詠んでいる。

小さいことをつかまえて、秋という季節の大きな動きをちゃんと言いあらわしているでしょ。遠望がありますね。

もう一つ、おもしろいと気づいたのは、秋になると空気が澄んでいますね。俳句の専門家もなかなか気がつかないでいることですが、この板びさしはすっかり乾いているということです。板びさしが雨で濡《ぬ》れていたら、小鳥の歩く音なんか聞こえません。日本の昔からの木造の家屋は、お天気によって、年中、いろいろな音楽を鳴らしているようなものでした。雨の音がして濡れたり、乾くとびしびし鳴ったり、風に揺れて鳴ったりします。気候に非常に敏感ですね。

小鳥の、細かい、小さい音が聞こえるというのは、今日のような秋晴れのお天気が続いて、板びさしが乾いていたということです。

雲が少しあるかもしれないが、秋晴れなのでしょう。秋たけなわで、いい天気が続いている。町の中にいても、こうして小鳥を介しての自然との触れ合いがある。そのすべてを含めたうれしさ。季節がちゃんと正しく回っている。春、夏、秋、冬、春、夏、秋、冬と季節が順調に動いているありがたさ、めでたさ。その秋という季節に合わせて、小鳥が帰ってきた。

そして、あの楽しい、軽い、小さい、かわいらしい足音を聞かせてくれる。そういうことを感じたときの喜び。

そういうものが、世界で一番短い詩の中にちゃんと入っている。

俳句は、小さいことに目を向ける。しかし、その小さいことを通して、じつはちゃんと大きいことをとらえているわけです。

橋本多佳子「星空へ店より林檎あふれをり」

蕪村は、二百数十年前の、江戸時代の俳人ですが、今度は、第二次世界大戦の前後の、女性の俳人の俳句を取りあげてみましょう。

橋本多佳子《はしもとたかこ》さんという、昭和の人（明治32―昭和38）の俳句です。橋本多佳子さんはすらりとしたきれいな人だったそうで、とても俳句のうまい人です。その人が作った俳句で、これならみなさんもよくわかるでしょう。

「星空へ店より林檎《りんご》あふれをり」。

「店より」というのは「店から」ですね。

▼「どういう意味かわかる？」と子どもに問いかけ、もう一度読む。

りんごが秋の季語でしょ。

星空も秋の季語になり得るけれども、りんごのほうがイメージがはっきりしているから、りんごを季語としたほうがいいね。

桂坂のいまごろの風景だな。桂坂には店が少ないけど、桂坂センターから下のほうに行くと店があるね。

八百屋さんや、果物屋さんの店先。

▼「絵を描くとわかるよ」と言って、絵を板書する。その絵にいろいろ描き加えながら、「星空へ」の句を解釈していく（図2参照）。

果物屋さんも八百屋さんも、たいてい店の前がいっぱいに開いているでしょ。

図2

その店の中の台に、大根とか、いもとかを置いている。大根やいもを置いているのは八百屋さんだけど、りんごもバナナも、いろんな野菜や果物が置いてあるね。ことにこれからの季節には、日本中がりんごの盛りになる。

りんごは奥のほうにぶら下がっている電灯に照らされている。

そのへんには、おばさんが座ったりしている。

店の上のほうは、よく晴れた秋の夜の空。星がいっぱい見えている。

「星空へ」というのは、「星空のほうへ向かって」ということだね。

この店には、りんごがたくさん入荷したので、台の上の箱の中にいっぱいりんごを盛った。それが店の外まで溢《あふ》れている。

りんごは、色もいいでしょ。きれいだね。赤いね。
▼**「あなたは、どういう色のりんごが好きかな？」と子どもに尋ねると、「赤いの」という返事が返ってくる。**
やっぱり、そうだね。りんごは、赤いのが多いね。中には、黄色いのや青いのもある。夏のりんごは青いね。

最近は、学校でも果物の名前はカタカナで書くでしょ。漢字はまだ難しいけど、ついでに覚えておこう。

▼「林檎《りんご》」と板書する。

りんごの説明をしながら、黒板にりんごの絵を描く。

また、手でしきりに天（星空）を指さす。

この漢字を見ただけで、あのりんごの、丸くて、かたくてピシッとした、甘い汁を含んで真っ赤になった実《み》が目に見えてくる。だから、これからはなるべく漢字で書きなさい。

そういうりんごが、店から溢れるくらいに置かれている。色が、美しいな。それから、りんごはいい香りがするでしょ。花みたいないい香りがするね。そして上には、星空が広がっている。お星さまがいっぱいある。

この店の前は、あまり人が通っていない感じだね。しんとして、車も通らない。ときどき自転車がシューッと走っていく。なんとなく人気《ひとけ》がない。でも店は開いている。店の外にまでりんごが溢れていて、空には星がチカチカと光っている。

ああ、いい風景ですね。

いかにも日本の秋の感じが出ていると思いませんか。

人がもうみんな家に帰ってしまって、しんとしている。夜、何時ごろだろう。八時半くらいかな。夕方じゃあないね。七時じゃ、まだざわざわしている。

もうそろそろ店を閉めようかな、というところですね。でも、お客さんが来ないから閉められない。もうちょっと売れてからと思って、九時ぐらいまでやっているかもしれない。

店の中を覗《のぞ》いてみると、さっきまでいたおばさんがいなくなっている。りんごだけが、中の電灯に照らされて赤く光っている。しんとして、ひんやりとして、秋の夜がだんだん深くなっていく感じ。

ちょっと童話みたいで、クレヨンで描いた絵みたいな感じですね。
▼クラスの後ろの壁に貼られている、子どもたちの絵を指さす。
あ、これは絵に描けるね。

松本たかし「声高く読本よめり露の宿」

いまは秋だから、秋の句をもう一つ。

松本たかしさんという人の、これも戦前の、昭和十年ころの作品です。

「声高く読本よめり露の宿」。
▼この句を二回読み、「露」と板書する。

露は夏でもおります。朝露、夜露は夏でもおります。しかし、露というと、日本では伝統的に、秋ということになっています。秋はひんぱんに露がおりるし、露が冷たくなって、白く光っている。

露の宿、これが難しいんだな。

▼「露の宿」と板書。

露の宿というのは、屋根や家の前の草むらに夜露がたくさんおりている家。露に囲まれて、露で濡れているような家です。そしていつかは露のように消えてしまうかもしれない、この世の住まい。だから、ひんやりとしていて、すこし寂しい。

秋の夜、その家の前を通ると、家の中から、ちょうどみなさんくらいの子が、高い声を出して、国語の本を読んでいる。その声が聞こえてきた。

それで、「声高く読本よめり露の宿」。

男の子か女の子かわかりませんが、とにかく国語の教科書を元気な声を出して読んでいる。レッスンをしているわけ。かわいい、まじめな、いい小学生ですね。

みなさんも読んでいますか。昔の小学生は、国語の授業というと、必ず最初に声を出して教科書を読まされました。声を出して読む訓練はとても大事ですよ。

▼「それじゃ、君、ちょっと読んでみて。どれぐらいちゃんと読めるか」と、前に座って

図3

いる子を指名する。子どもは立って、指定された秋の俳句五句を読む。

原石鼎「頂上や殊に野菊の吹かれ居り」

「頂上や殊《こと》に野菊の吹かれ居《お》り」。これがちょっと難しいんだよね。

山のてっぺんには、案外なにもないでしょ。山には石ころだらけだったり、草原《くさはら》だけになったりする。

木がいっぱいあっても、山のてっぺんまで行くと、

うっそうと木が生えている山のてっぺんというのは、低い山ならまだしも、高い山ならない。

▼このような説明をしながら、図3の山を黒板に描く。

だんだん山を登っていって、山のてっぺんに着くと、石ころや雑草に混じって、あの紫色の、あるいは黄色や白の野菊が群れて咲いていた。

山の頂上だから風が強い。ほかの草はみんなもう枯れて地味な色なのに、秋草の野

菊は紫や黄色や白なので、風に吹かれると、その色が揺れているのがはっきり見える。「頂上や殊に野菊の吹かれ居り」。これはこの俳人の非常に有名な俳句です。今日、家に帰ったら、原石鼎《せきてい》のこの俳句を習ったと言ってごらん。お父さんお母さんだけでなく、おじいさんおばあさんも「へえっ」と言ってびっくりするよ。みなさんは、いっぺんにえらくなる。

村上鬼城「小春日や石を噛み居る赤蜻蛉」

「小春日や石を噛《か》み居《い》る赤蜻蛉《とんぼ》」。

小春日というのは、少し難しいかもしれないね。

小春日は、春ではなくて、冬になりかけの秋です。秋が深くなって寒いはずなのに、急になんだか暖かい日が二、三日続いたりすることがあります。

そういう、初冬のちょっと暖かい日を小春日和といって、すぐまた寒くなる。

そんなときが、「小春日や石を噛み居る赤蜻蛉」という俳句の季節です。

赤とんぼはまだ生きている。

とんぼは、ほんとうは夏の生き物ですが、まだ生き残っていた。

そして、このへんの石ころを思ってもらえばいいのですが、道ばたの石にとまっている。

とんぼはめだまも大きくて、口も大きいでしょ。とげみたいな、牙みたいな口で虫を食ったりするわけですが、その口で石を噛んでいる。あるいは石を噛んでいるみたいに見える。そして付け根の赤い羽を弱々しくひろげて、秋の日に照らされている。もう、あと何日生きるか。今日の夜には死んでしまうかもしれない。そんなふうに弱っている。

ところが今日はたまたま小春日で、ぽかぽかと暖かいので、いままで死にかけて、草の葉陰かなんかにぶら下がっていたのが飛んできた。しかし、とんぼが食う蚊などの虫はもういない。しょうがないから、そのへんに転がっている石ころにとまって、口だけを動かしている。秋の終わりにまだ生き残っているとんぼの、一生懸命の姿。小さな赤とんぼであるだけに、いっそうあわれな姿です。たぶん今夜あたりはまた寒くなって、とんぼは死んでしまうだろう。そういう感じの俳句ですね。

このように、俳句というのは「五・七・五」全部併せて十七文字で、ほんとうに短い。世界で最小の詩でありながら、じつはなかなか深い世界を湛《たた》えている。

自然への感覚、ゆるやかな大きな自然の動き、そしてその中で人が生きている喜び、うれしさ、あるいは寂しさ、悲しさ。そういうものが全部入っている。

そのくせ、だれでも作れる。ただ、いま読んできたようなうまい俳句を作るには、もう何十年か訓練して、俳句的な感じ方、物のかすかな動きをピシッと鋭くつかまえる感覚のよさを養う必要がある。

それをうまい言葉で、ピタリッと言い表す訓練も必要です。

そうすると、傑作が生まれます。ここに挙げたのは、みなそういう傑作です。

篠原梵「葉桜の中の無数の空さわぐ」

たとえば、夏の句として二番目に挙げた俳句は、篠原梵《しのはらぼん》という人のものです。この人は、『中央公論』という雑誌の編集をしていました。

「葉桜の中の無数の空さわぐ」。

これもちょっと難しそうだけど、みなさんでもよく考えてみれば全然難しくありません。

葉桜というのは、桜の花がもう散ってしまって、すぐそのあとに青い葉っぱがひゅーっと伸びて、枝一面に小さい葉っぱがついている、あれですね。青や緑の小さい、やわらかい葉っぱが、風に吹かれていっせいにゆれているのです。ゆれて重なったり、離れたり、くっついたりする葉っぱの群れの割れ目から、五月の初め、あるいは四月の末の青々とした空がキラッキラッと光って見える。そういう感じだね。

▼この句の解釈をしながら、葉桜を黒板に描く。

また、句に詠まれた葉っぱの感じを身振り手振りで伝える。

桜が散って葉桜になって、その下から空を見上げると「無数の空」が見えるというところがうまい。一つの空でなく、小さい葉っぱの隙間から、空がキラキラと宝石を散らしたように見える。

葉っぱが風に吹かれてゆれるから、空が見えたり隠れたりするから、「空さわぐ」となる。

まるで、小学生が作ったみたいだね。中学生でも高校生でも大学生でも大学の先生でもなく、小学生の四年生か五年生が作ったみたいな感じだね。この俳句はノーベル賞ものですよ。しかし、スウェーデンのノーベル賞委員会ではだれも日本語が読めない。だから、この俳句を作った人はノーベル賞がもらえない。

この俳句には自然への大発見がありますね。俳句というのは、向こうのほうまで鋭く見抜いて、小さいかたちで自然の大きな動きをつかまえる。そしてその中に、当然、人間の感情や思想が入っていく、吸いとられていく。

子どもたちの作句・先生の添削

さあ、それじゃ、みんな、今度は俳句を作ってみよう。なんでもいいよ。

▼「川せみや川に飛びこみ魚とる」という句を発表する子がいる。その句を板書しながら添削していく。

「飛びこみ」より「飛びこむ」のほうがいい。魚をとるために、飛び込む。

「川せみや川に飛びこむ魚とる」。

なるほどね。ほかにだれかできた人はいない？

▼二人の子から、「りすたちやどんぐり探し秋の山」「森のうた風にゆられて音楽会」の句が発表される。

まるで童話みたいだね。森の木が音楽隊を作っている。

▼「森のうた風にゆられて音楽隊」と板書すると、この句を作った子は「音楽会です」と言う。

「音楽会」より「音楽隊」のほうがいいよ。

▼「字余りです」という発言がある。

字余りか。「オンガクカイ」も「オンガクタイ」もどちらも同じ字余りだけど、字余りでもいいんだよ。

「森のうた」というところが、もう少しうまくいかないかな。「うた」と「音楽隊」が重なっている。

▼ちょっと考えて、「秋の森風にゆられて音楽隊」と直す。

あ、できちゃった。合作だね。

そのへんの山が風に吹かれて、ざわざわと鳴る。『風の又三郎』みたいだね。「どっどどどうど……」。みなさん、なかなかうまいじゃない。たいしたもんだ。

▼「川せみってなあに？」と質問する子。先生は「すばやい鳥だよ」と答える。

挙手して、「天の川秋に見られて冬見える」という句を発表する子。板書しながら、「ちょっと理屈だな」と評する先生。

「飛び魚やなぜそんなに飛べるのか」という句が発表されると、先生は「なぜ」というのは「なんで、のほうがいいな」と言って、「飛び魚やなんでそんなに飛べるのか」と板書する。

▼次に「秋の空きらめく星たちほたるかな」という句が発表される。
星だと思ったら、ほたるだったたというわけね。

「秋の空」と「ほたる」がちょっと重なるな。

「秋の野やきらめく星はほたるなり」とするか。
▼「秋の空風に吹かれて雲がゆく」という句が続く。
なかなか率直だね。「雲がゆく」は当たり前すぎるんじゃない。「無数の空さわぐ」みたいに、もうちょっとひねるといいね。

「秋の空風に吹かれて又三郎」。これで、どうかな？
▼挙手をする子が増えてくるので、先生は「もうそろそろ終わりね」と言って、三人を指名する。
まず「鬼やんま円を描いて飛び回る」と発表されるが、板書は「鬼やんま円を描いて」で止まり、批評する。

大したもんだけど、「飛び回る」と「円」は同じだね。

それから、鬼やんまは、円を描くかな？　あれは、まっすぐ飛んでいって、またぐっと同じところを戻ってくる。

ひゅうっと行って、すうっとまっすぐ帰ってくる。そこに網を持っていくと、鬼やんまはそのまま網の中に入ってきたよ。

▼身振り手振りは、だんだん大きくなる。

「赤とんぼにしたら？」という声が上がるが、「せっかくだから、鬼やんまがいいな」と先生。

「急カーブ」「急に回って」などという案が子どもから出る。

先生は「円を描いて」の板書の部分を消して添削し、「鬼やんま急転回のめだまかな」の句に仕上げる。

鬼やんまがひゅうっと戻ってきた。その大きいめだまがこちらの目に入る。

これも、なかなかいいよ。

先生がいて、君たちがぱっぱと詠む句をちょっと直すと、たちまちいい俳句ができるね。

▼「歳時記に入れてやろうか」という先生の冗談に、よろこびの笑い声が起こる。

指名された最後の二人が発表する。この二人は、すでに何度か発表した子である。

まず、「風の歌きらめく声がきれいなり」が発表される。

「なるほど。季語はなにかな。風の歌は、春も夏もあるね」と評すると、「秋の歌です」という答え。

「秋風やきらめく川の水鳴らす」とするとどうだろう。

▼次に、「秋の川風に吹かれてゆれている」が発表される。「君は、ゆれているが好きだな」の評に、笑い声が起こる。

「秋の川風まっすぐに吹き抜ける」ではどうですか。

それまで風は、木を鳴らし、草をゆらしていたが、秋になると木の葉や草がなくなって、そこを風がじゃまされずにすうっと吹いていく。

あ、これも悪くないね。

これらの俳句に、みなさんが投票して、一番いいのを決めるとおもしろいのですが、時間がないので今日はしません。

これから、春でも夏でも秋でもいいから、こうやって俳句を作って、帳面か日記に書いておくといいね。

▼先生は、板書した俳句に丸をつけながら、全部の俳句をもう一度読む。作り足りない様子の子どももいる。

みなさんはなかなかセンスがあります。とても優秀なクラスですね。

今度、一度、日文研で俳句の会でもやりましょう。

交渉

木村 汎

授業の内容

◆交渉とは、どういうものか
◆力による決め方と交渉による決め方
◆交渉は、非常に大事なものである
◆いろいろな種類の交渉がある
◆異文化を理解して、共存しよう

＊一九九六年十月八日
京都市立桂坂小学校五年一組

＊授業を進めながら、次のように板書する

木村　汎《ひろし》
「社会」科

交渉《こうしょう》
ネゴシエーション
バーゲニング
外交
コミュニケーション

Ⅰ．定義

もめごとの決め方

「力ずく」　×
交　　渉　◎

Ⅱ．意義

Ⅲ．種類

1．しめきり　有無
2．１回、数回
3．公開、秘密
4．２、２以上
5．対外、対内
6．批准《ひじゅん》
7．ゼロ･サム･ゲーム、
ノン･ゼロ･サム･ゲーム

Ⅳ．異文化

1．自分の文化
2．相手の文化
3．橋をかける
4．「二文化」人間
5．理解、両立、共存

最初に、自己紹介をいたします。

私の姓名は、木村汎《ひろし》といいます。どうしてこんな難しい字の名前をつけられたのでしょうか。木村という名字の人々は、じつにたくさんいるからです。変わった名前をつけたほうが、ほかの木村さんと区別ができる。私のお父さんは、そう考えたようです。

私は、一応、社会科の先生ということになります。大学で実際に教えたり、勉強しているのは、みなさんにはまだちょっと難しい「国際政治」の分野です。世界の政治がどうなっていくか、ということを研究しています。なかでも、日本の隣の国で、世界で面積がいちばん大きい国の政治が、私の専門です。だれか、その国の名前を知ってますか。

▼「ロシア」という声が上がる。

よく知ってますね。以前には、この国をなんと呼んだでしょう。

▼「ソ連」という返答がある。

すごいな。そうです。私は、ソビエト連邦と呼ばれる国について研究してきました。ソ連邦は、いまではロシアという国となった。

もし私がロシアのことばかりお話ししますと、どうしてアメリカの話とか、中国の話とか、イギリスの話をしないのか、ロシアばかりひいきして不公平ではないか、という意見が出るかもわかりません。そこで、今日は、違ったことについてお話しすることにしました。

もしいつか、みなさんのクラスにまた戻ってくるチャンスがありましたら、そのときは先生が最も得意とするロシアの話をしたいと思います。

今日は、先生が二番目に得意なことについて、お話しします。ところが、それがまた、難しいお話なんですね。

交渉とは、どういうものか

▼「交渉」と板書し、子どもたちに、なんと読むかを尋ねる。

何人かが音読する。

すごいなぁ、五年生の諸君でもこの難しい漢字が読めるんですか。感心だなぁ。

今日は、交渉の言葉の意味。なぜ交渉について勉強することが大切であるか。交渉にはどんな種類があるのか。とくに外国の人々と交渉するには、どういう態度で行ったらよいのか。——このようなことについて、お話しします。

お話ししたいことは、たくさんあります。みなさんに質問してもらったり討論してもらったりする時間が少なくなるかもしれません。もし熱心な諸君がいたら、授業が終わったあと廊下ででも質問をお聞きしましょう。

まず、交渉ということは一体どういうことか。交渉とは、どういう意味でしょう? このことについて、言える人はだれかいませんか。

▼「I. 定義」と板書する。

授業中、重要な言葉を順を追って整然と板書する。

黒板一面に、横書きで板書された内容は、一九九ページのとおり。

みなさん、たとえば今週の土曜日の午後にソフトボールの試合を行いたいので校庭の場所をとっておくように言われたにもかかわらず、もしその場所がとれなかったとき、「あいつは交渉がへただな」とか言われたことはありませんか。

あるいは、君たちのお母さんが、「私は交渉がうまいのよ。だから、この大根も三十円安く買ってきちゃった」と言われたのを聞いたことはありませんか。

こういうことをヒントにして、交渉ってどういうことだと思いますか。

▼「売り買い」「けんか」という返答がある。

そう、売り買い、けんか。この二つは、交渉と密接な関係がありますね。

売り買いとは、お金を出して、大根、リンゴ、洋服、パソコンなどを買うことですね。買う人がお財布からおカネを出して、売り手からモノをうけとる。つまり、おカネとモノを交換します。ですから、たしかに売り買いは交渉ですね。

ただし、日本では、とくにデパートなどで買うばあいには値段がすでに決まっていますから、みなさんが買おうと決めたときには、じつは交渉はもう終わっています。デパートの人が、このモノはいくらで売るか、五百円とか千円とかの値段をあらかじめ決めています。

買おうか買うまいかということは、みなさんが心の中で、自分で考えて決めることとなります。

▼このあたりから、身振り手振りが激しくなる。

交渉の状況をできるだけ具体的に説明しようとするために、授業全体を通じて、身振り手振りを頻繁に用いる。また、複数の人間の役割を演じてみせようとすることも多い。

ところが、お母さんが、ご近所のよく知っているお店などに行って買い物をするときには、交渉します。たとえば、「今日の魚、あんまりよくないから、ちょっとまけてくださいな」と言う。魚屋さんの主人が、「新鮮なんだけれど、もうお店を閉めるから、五十円引いておくよ」と答える。実はこれは、交渉をしていることなのです。

こういうふうに話し合って、モノの売り買いをしたり、それから、けっしてけんかをしないで話し合って物事を決めること。これを、交渉といいます。

今日、家に帰って、大きな国語の辞書があったら引いてみてください。たとえば、『広辞苑《こうじえん》』という厚い辞書にはこう書いてあります。

「交渉とは相手と取り決めるために話し合うこと」。

相手がどうして必要かというと、一人では交渉できないからです。心の中で、自分の一部と、買おうか買うまいかとか、このがけから飛び下りるか飛び下りるべきでないかを考えたり、悩んだりする。これは、内的葛藤《かっとう》で、交渉ではありません。

交渉は、二人以上いるところで成り立つことです。

たいていの場合は、二人以上の人間がいますね。いま、このクラスの中にも、四十人くらいの生徒がいます。人間が二人以上いるところでは交渉が必ず必要となりますから、交渉がいかに大事かということがわかると思います。

力による決め方と交渉による決め方

物事を決める「決め方」を考えてみましょう。

ここにリンゴが一つあるとします。もしそのリンゴを分割してはいけないとしますと、そのリンゴをだれがもらうか決めなければなりません。あるいは、リンゴを割って分けるとき、大きいほうと小さいほうができたらどうするか。また、ちょっと腐りかけている部分と、そうでない部分がある場合、どうするか。そういう場合、どっちをとるかの決め方は、大きく分けて二つあります。

また、よく新聞やテレビで報道されることとして、日本の周りの島で、どこの国のものかについて争われている島々があります。みなさんには、ちょっと難しい質問かもしれません。だれか、その名前を知っていますか。

一つは、尖閣《せんかく》列島。中国の人々、台湾の人々、日本の人々が旗を立てようとしたり、上陸しようとしたりして、島の所有権を争っています。

もう一つは、竹島《たけしま》。韓国の人々と日本人との間で争われています。そして、もう一つは、北方四島。日本とロシアの間で島の主権がどちらにあるかが争われています。

仮にそういう深刻な争いごとでなくても、みなさんの間で、日常、次のようなことが問題となりましょう。たとえば、今日は、だれが教室のお掃除をするのか。だれを次の学級委員にしようか、だれを文集委員にしようか。決めないといけないこういうことが起こります。仲良しのお友達の間でも、仕事の分担をどう決めたらよいのかが、問題になります。

そのようなとき、決め方の一つは、「力」による決め方です。もっとも、そのようなやり方は、みなさんならけっしてしないと思いますが。「力」の強い者が腕力でおどし、腕力にものを言わせて決めるやり方ですね。けんかしたり、なぐり合ったりするやり方で、その結果、戦争になるときさえもある。いけないことです。そうであるにもかかわらず、残念ながら昔からこの方法に訴える人々がいます。

テレビドラマなどを見ていると、「力」を用いている人がよく出てきます。チャンバラの時代劇のドラマがそうですね。織田信長、豊臣秀吉、徳川家康などを主人公とするドラマでは、日本人同士が血を流して戦い合っている。外国人同士が、戦争しているニュースを見ることもあります。

これは、絶対にいけないことです。しかし、なかなか直らない。

もう一つの決め方は、話し合いの方法。これが、「交渉」です。

人類が進歩し賢くなってきますと、戦争して物事を力ずくや勝ち負けで決めるのではなく、だんだん平和的な話し合いによって決めるようになってきました。ニューヨークの国際連合で大勢の人が集まったり、スイスとか東京のような場所で会議を開いたりして、話し合いで物事を決めるようになってきました。

つまり、「交渉」とはどういうことかをひと言で言いますと、いろいろなもめごとの解決や、あるいは仕事の分担などを話し合いによって決めること。

英語では、なんというか。みなさんにはまだ難しいけど、今日はついでにお話ししておきましょう。

みなさんのお父さんのなかに商社にお勤めの方がいらっしゃったら、「今日は、ネゴがある。だから忙しい」という話を聞いたことがあるかもしれません。

「ネゴ」って、なんでしょう？　ネゴというこまの種類でもあるのでしょうか。かくいう先生自身もはじめはちょっとわからなかった。実は、英語の「ネゴシエーション」を略したものです。

▼「これは書かなくていいですよ」と断りながら、「ネゴシエーション」と板書する。

デパートの一番上の階に行くと、どういうことをやっていますか。みなさんのお母さんたちもよくそこへ行きたがりませんか。

▼「バーゲン」という声が上がる。「そう、バーゲニングという言葉もありますね」と言って、「バーゲニング」と板書する。

バーゲニングという言葉も、交渉とほとんど同じ意味の言葉です。

ただし、ネゴシエーションは口に出してお話をして物事を決めますが、バーゲニングは黙っていても取り引きが決まるところがちょっと違います。

たとえば、「お客さん、これ百円にするから買ってよ」とお店の人に言われても、黙ってお店を離れるふりをします。お店の人がさらに追っかけてきて、「じゃ、九十円にします」となるような場合。お客さんはひと言も言わなくても、お店の人に値段を下げさせたことになります。これが、バーゲニングです。しかし、ネゴシエーションとバーゲニングとの間の区別の問題は、少し細かすぎることなので、みなさんは忘れても構いません。

それから、「交渉」と似たような言葉に、「外交」という言葉もありますね。これは、外国の人と交渉することです。「交渉」は、日本人の間の話し合いも含みますから

「外交」よりも意味が広いですね。

「コミュニケーション」という言葉も、「交渉」と似ていますね。これは、意見を通じ合わせることです。交渉とは、ボディ（身体）・ランゲージを使うのではなく、主として口頭で意見を通じ合わせるわけですから、交渉においてコミュニケーションが果たす役割はきわめて大事となります。

これまでは、みなさんが聞き慣れない言葉の定義でした。やむなくずいぶん難しいことを申しました。しかし、安心してください。これからは、簡単なお話となります。

交渉は、非常に大事なものである

それでは、なぜ交渉について勉強したり、知っておく必要があるのでしょう。交渉は、われわれ人間にとってほんとうに大事な行為だからです。

▼「Ⅱ．意義」と板書する。

日本ではあまり「交渉、交渉」と言いませんね。ところが、アメリカの大学には「交渉学」という授業さえあり、欧米の人々は「交渉、交渉」とよく言うのです。

日本人は、なぜ「交渉」があまり好きでなく、なぜ「交渉」のことについてあまり勉強しようとしないのでしょうか。それは、争いごとを口に出して解決するよりも、無言で、相手に対し思いやりの気持ちや方法で解決することが好きだからです。

日本では、狭い所にたくさんの人間が住んでいます。そのようなことが、一つの原因かもしれません。この桂坂地域には立派な家がたくさんありますね。しかし、外国から来ていらっしゃる先生方は、どうしてこんなに庭が狭いのかと尋ねます。

庭が狭いと、おたがいの家同士の境界が近くなり、いろいろな問題が発生します。たとえば、隣の家の柿の葉っぱが落ちてきたりすると、その落ち葉を一体だれが掃除すべきなのか、問題です。

私は北海道に二十一年間住んでいましたが、いちばん困ったことは、雪が降ってきたときにその雪をどこに捨てるかという問題です。北海道では、いったん降った雪は、京都の雪とはちがってほとんど解けることなく、春までドッカと居座ってしまう根雪だからです。この雪の問題で、私の家もいつも隣の家の人と争っていました。

これは、ただの一例です。しかし、狭い土地に住んでいる日本人は、これと似たようなことを非常に多く経験しているので、おそらくことを荒立てない解決法が好きになったのでしょう。

アメリカ人、イギリス人、ドイツ人は、はっきりものを言って物事を理屈で決める。

彼らは、交渉、ディベート、論争、弁論大会などにおいて、自己の立場を強く主張する。しゃべるのもうまい。

ところが、他方、日本人のなかには、どうやらじっと黙って勉強して、試験のときに良い成績をとるといったタイプの人が多いようです。

しかし、先ほど言いましたように、二人以上の人間がいますと、たとえ本人自身がそのことに気づいていなくても、じつは必ず「交渉」をしているのです。みなさんは、家庭でも「交渉」しているのですよ。親しく気のおけないお父さん、お母さん、きょうだい相手に、じつは、「交渉」をしているのです。

たとえば、お正月が近づいてくると、お年玉をたくさんもらおうと思って、みなさんは急に良い子になりませんか。お父さんに向かってついやさしくなり、「タバコを買ってこようか」、「ビールをついであげようか」、「肩をたたきましょうか」などと、お世辞を言います。お母さんに向かっても、お小遣いをたくさんもらおうと思って、「買い物にいってこようか」とか「回覧板を届けてきてあげようか」などと、お手伝いをボランティアします。

もちろん、たいていの場合は、お父さんやお母さんに対してほんとうに心からやさしくしようと思っています。だが、ときにはお父さんやお母さんによく思われたい、ほめられたい。そういう良いことをしてあげたら、ひょっとしたらお小遣いを増やしてもらえるかもしれない。このごろ流行のゲームソフトなどを買ってもらえるかもしれない。そのような下心を持って、知らず知らずのうちに親切を買ってでている諸君もいるかもしれませんね。

また、あたかもクラスの全員が流行のルーズソックスをはいているのに自分だけがはいていない、とお母さんに大げさに言いつける人がいるかもしれません。そうすると、お母さんは、うちの子だけがはいていないのはかわいそうだと思って買ってくれるかもしれない。そのような計算をして、ついおねだりをオーバーな表現で行ってしまう人も出てくるでしょう。

なにを隠そう、私も子どものとき、剣道の竹刀《しない》と胴着を買ってもらいたくて、クラスの全員が持っているとウソをついて、お母さんから買ってもらうことにまんまと成功したことがあります。

こういうことは、みんなじつは「交渉」なのです。

それから、お父さんやお母さんも「交渉」しています。お父さんは、ふつう会社に行ったり、学校に行ったり、市役所に行ったりして、働いていますね。その職場では、自分より上の人、横の同僚、組合の人々などがいますから、必ず「交渉」しています。

それからまた、忘年会のときなど、忘年会の会場であるホテルとかレストランの責任者や担当者との間で、なるべく値段を安くしてもらい、なおかつサービスをよくしてもらうための「交渉」をすることもあるでしょう。

お母さんの場合は、買い物のとき必ず「交渉」しています。

お兄さんやお姉さんも、やっぱり「交渉」しています。たとえばお兄さんだったら、いいお嬢さんが見つかったとき、その女の人の前でいいかっこうをして、しゃれたレストランに連れていってデートや結婚の申し込みを有利にしようとするでしょう。

お姉さんのほうは、男の人に「ハイハイ」とすぐ付いていったら安っぽいと思われるんではないかと考え、ほんとうは付いていきたいんだけど、ときどきじゃけんに断ったりする。「今日は父の誕生日ですから早く帰ります」などと、ほんとうはそうでなくても、ときどきはそのようにしてデートを断る。そのくらいにしておいたほうが、ボーイフレンドをうまく引きつけておけると計算するかもしれない。

こういうふうに、いろんな手練手管《てれんてくだ》、技術を使うことが、「交渉」なのです。

最近亡くなった映画俳優の渥美清《あつみきよし》さんが『男はつらいよ』シリーズの中で演ずる柴《しば》又《また》の寅《とら》さん。寅さんは、旅先のお祭りにおける商売のときにいつも「交渉」していますね。いろいろなものを売っていますが、そのとき「これはお得なカレンダーですよ」とか「安いお人形ですよ」との口上を述べています。「お嬢さんは美人だから、清水《きよみず》の舞台から飛びおりたつもりで大負けに負けよう。二百円だ」などと叫んでいますが、あれは実は三十円くらいの原価で仕入れたモノで、必ず儲《もう》けているに違いありません。

そうでないと、寅さんはどうやって生活できているのでしょうか。宿屋に泊まったり、お酒を飲んだり、ときどききれいな女性にプレゼントを上げたりできるのは、儲けていればこそだと思われます。第一、儲けていなければ、葛飾柴又《かつしか》のオイちゃんやさくらさんのところへどうやって帰ってこられるのでしょうか。九州や北海道の旅先から歩いて帰ってこられるわけはないでしょう。

寅さんはまさに「交渉」し、商売しているのです。

ところで、みなさんは、『ロビンソン・クルーソー』を読んだことがありますか。孤島に流れ着いたロビンソンは、最初のうちはずっと一人ぼっちだったので、「交渉」は成り立ちませんでした。

ところが、ある日、島で一人の人間を見つけます。その人間の名前を知っていますか。これはちょっと難しいですが、その人間を金曜日に見つけたので、「金曜日」という名前を付けました。五年生の諸君はまだ英語は習っていないのでしょうね。「金曜日」は、英語でなんというか知っていますか。

▼「フライデー」と答える子がいる。

そう、その人を「フライデー」と名付けました。

そうすると、その孤島でも二人の人間がいることになりますから、どちらかが上か下かという関係ができます。ロビンソンとフライデーの間ではその日のうちに「交渉」が始まり、ロビンソンはフライデーを従僕《じゅうぼく》とすることにしました。

ロビンソンはフライデーにできるだけたくさんの用事を言いつけ、ちゃんとやらせようと、おだてたり脅かしたりします。それに対して、フライデーはもちろん一生懸命やってほめられたいとは思うものの、彼も人間だから、あまりつらい仕事からは逃げ出したいと思う。そこで、ロビンソンとフライデーとの間に「命令―服従」の権力関係と同時に、話し合い、あるいは無言の「交渉」が始まります。

日本では、学校や大学の場で、「交渉」についてあまり教えることはありません。私は、それは望ましいことではないと考えています。交渉は武力を用いない平和的な話し合いで物事を決めることですから、日本の学校でもっと研究したり勉強したりすることが大事だと思います。「力」を使ってもめごとを解決したり、物事を決めるやり方は、いけないということがだんだんわかってきました。なぜでしょうか。

第一に、戦争がいけない、暴力がいけないことは、すでに説明したとおりです。第二に、「力ずく」で決める場合、相手側が心から協力しないことも明らかになってきました。人間は、実行すると約束しても、いやいや実行したり、監視の目がとどかないときには、さぼったりします。

たとえば、みなさんもお掃除や後片付けを、もし力ずくで命令されたとしたら、おそらく最小限度しかやろうとしないでしょう。とくに命令した人や先生がいなくなると、一生懸命にやろうとしなくなるでしょう。そうなると結局、仕事の能率が上がらないことになります。

ところが、話し合いで決めれば、みんなで決めた結果だから、自分は掃除をしなければならないと思う。自分がやらなければ学校や教室はきれいにならないと考えて、一生懸命心をこめてお掃除する。

上から命令するやり方の場合は、決めるまでの時間はあまりかかりません。ところが、実行する段階になるとのろのろと作業したり、さぼったりする者がでてきて、能率が上がらない。

逆に、話し合いで平和的に民主的に決める場合、決めるまでには時間が随分多くかかるけれど、いったん決めたあとの実施はわりあいスピーディーに能率よく進行する。

第三に、「力ずく」で決める場合には、次のような欠点もあります。「力」の弱い人は次には強くなりたいと思って、反撃してくるんですね。そうすると、以前に弱かった人が強くなって、逆に以前に強かった人が弱くなる。そのとき負けた者が、次に勝とうと思って、力を蓄えることに熱中する……このような悪循環に陥る。人々は、「力」を蓄えることにばかり関心を示し、武器を買ったり、腕力を蓄えたりする。これでは、いつまでたっても最終的解決には到達しません。

昔、敵討《かたきう》ちの制度というのがありました。自分のお父さんが殺された場合、その子どもは、お父さんを殺した人を敵討ちしてもよいという制度です。しかしそのようなことを認めると、敵討ちによって今度は殺された人の子どもや親族が恨みを持つことになります。結局、いつまでたってもきりがなく、敵討ちが永遠に続くことになります。

そこで、お上《かみ》というか、いままでは警察や裁判官といった専門的な知識や権限を持った人々だけがこのようなことを決めることとなったのです。

第四の理由もあります。強くて勝った側も、心の中では心配で不安定です。相手から、ほんとうに心から協力してもらえるかどうか、わからない。そのように自信が持てないことから、相手をもっといじめるようになったり、きびしく監視するようになったりする。そうすると、相手側の不満が高まり、ほんとうに決定に従う気持ちをなくしてしまう。ここでも、悪循環が発生します。

以上お話ししたような理由から、「力ずく」でものごとや物事を決めるやり方ではだめということになってきたのです。

そういうわけで、これからは「交渉」という争いごとの解決の方法をもっと研究して、それを実行し、無用な争いを少なくしていくようにしなければならないことになります。

いろいろな種類の交渉がある

交渉とひと口で言いますが、実はいろいろな種類の交渉があります。交渉の種類を勉強しておくことは、交渉を成功に導くことに役立つ良い方法なんですね。

▼「Ⅲ．種類」と板書し、以下、一九九ページに掲げたように、交渉の種類を順次書き加

えていく。

様々な交渉の種類がありますが、大ざっぱに数えると次の七つくらいがその重要な分類です。

（1）締め切りのある交渉、ない交渉

たとえば、締め切りの日時が決まっている交渉と、そのような締め切りがない交渉があります。「何月何日までに交渉は終わらせましょう」という締め切りの日時をつけますと、たしかに、その日時を守って交渉を一生懸命行おうという気持ちになりますね。この点はプラス面です。

逆に交渉を終了する日時を決めないと仮定しましょう。その場合、交渉はダラダラといつまでも続くことになります。

みなさんも宿題をするときがそうですね。先生は、いつ何時までに宿題をしてきなさいとか、作文を書いてきなさいとかおっしゃるでしょう。いつでもいいということになったら、みんなつい怠けてしまうんじゃないかな。

お相撲さんの勝負は、土俵があるからこそ決まるのです。土俵がなければ、長い間つかみ合って、一キロ先のほうまで動いていっても構わないことにもなりかねません。

しかし、他方、デッドライン（締め切りの日時）をもうけると、交渉の内容よりも交渉の締め切りを守ることばかりが気になり、交渉を急ぎすぎる。結果として、不満足な解決策に終わりかねない。このようなマイナスの面もあります。

それはともかく、交渉では、このように締め切りのあるなしが問題になります。

（2）一回だけの交渉とそうでない交渉

それから、一回だけ行えばよい交渉と、毎回やらなければならない交渉があります。ふつうはいったん交渉が行われると、その結果を守ればそれでよい。ところが場合によっては、情勢の変化に合わせて毎回決めていかねばならない類の交渉もあります。たとえば、社員の給料を、労働組合と会社の社長・重役との間で決めるときなどが、そうでしょう。物価というのは年間どのくらい上がっていくかわからないでしょう。だから、たとえば毎年春に決めましょうということにもなります。

それから、日本とロシアの漁業交渉も、資源であるお魚がどのくらい減っているかということを毎年調査したうえで、獲ってよい魚の量を決めます。そこで毎年交渉しましょう、あるいは二年に一回やりましょうということになります。

おもしろいのは、一回限りの交渉だとごまかしがきくことです。

フーテンの寅さんの商売の場合が、そうですね。寅さんは物を売った次の日には、もう同じ場所にはいませんね。お祭りが行われた神社の境内《けいだい》から消えてしまいます。四国でやっていたお祭りが終わると、次は九州へと移ったりします。

そうすると、寅さんからお人形やカレンダーを売りつけられた人が、家に帰って品物をよくよく調べてそれが安物だとわかり、返そうと思って売りつけられた神社の境内に戻っても、寅さんはもういません。だまされた、損をしたと思っても、これこそあとの祭り。

つまり、一回限りのときは、だましがきくんです。

みなさんのお父さんやお姉さんが外国に行ったとき、お人形や木彫りの象などのお土産品を買って帰国し、「現地で二割も負けさせたよ」と自慢げにおっしゃることがあるかもしれません。向こうの人から見ると、日本のお客は金持ちなので、ほんとうは八割くらい負けたとしてもまだ儲かる仕組みとなっているのに、二割ディスカウントしただけで大喜びしてくれている。

しかし、そういう地域においても、近所に住んでいる者同士の間では、きちっとした値段で売り買いしているに違いありません。諸君のお母さん方も、商店街の魚屋さんや八百屋さんと顔なじみになると、お店の人は、「この奥さんは毎日来るから、ごまかしは利かないな。それどころか、ときどきサービスする必要がある」。こう考えて、ちょっと値引きしてくれることもあるでしょう。

（3）公開交渉と秘密交渉

次に、交渉をオープンに公開して行うか、秘密にして行うかの区別があります。

▼板書しながら授業を進めるが、このあたりから、具体的に説明しようと、身振り手振りが激しくなる。教室の窓から見えるシーソーを指さしながら、説明したりする。

私たちはいま、窓越しに校庭のシーソーを見ています。ちょうどそのように、だれから見られてもよい形で、ガラス張りの、透き通った環境の中で交渉を行うことは、民主的でいいことです。

しかし、それでは交渉がまとまらないことがときどき起こります。みんなが見ていると、交渉の代表に選ばれている人ががんばりすぎることからです。みなさんでもそうでしょう。自分を選んでくれた仲間が見ているところで交渉をしていると、「なんだ、○○君、われわれのためにもっとねばれよ」などと言われることがある。交渉は、もともと、正面に座っている相手方と、背中の方角にひかえている自分の身方との、二つのグループの意向を気にして行うものです。その場合、後ろの応援団の声ばかり気にすると、向かいに座っている相手方との間に妥協点が見つかりにくくなります。こういうわけで、最後の決定に持っていくまでは、交渉の内容を秘密にして進行させたほうがいい場合も生まれます。

とくにけんかしている者や国の間の場合では、公開の交渉はできないわけですから、最初はだれにも知られないようにして秘密交渉を行う必要があります。

たとえば、キッシンジャーというアメリカの政治家は、だれにも告げずに内緒で飛行機に乗って中国に行ったことがあります。なぜなら、当時はアメリカと中国との間の仲が悪かったので、キッシンジャーさんは中国の土地を踏むことすら難しかった。しかし、仲がよくないからこそ交渉を行わなければならない。これは、交渉につきまとう皮肉であり、ジレンマです。そこでキッシンジャーは、自国のマスコミにも仲間にも内緒にしてそっと交渉するために中国に行った。

（4）一対一の交渉と、二つ以上との交渉

二つの国の間だけの交渉と、二つ以上の国の間の交渉があります。二人の人間だけで交渉する場合も同じですが、前者では一対一だから気楽な面もあるし、逆に対立がもろに激しくなってしまうときもあります。

これに対して、二国以上の間の交渉ではどういうことになるでしょう。たとえば、国際連合での交渉を見ればわかります。世界の百九十くらいの国が、ニューヨークの非常に大きな部屋で、議長を決めて交渉を行う。いろいろな意見が出されて、なかなかまとまらない。最後は、多数決で決めたり、安全保障理事会という幹部の会議でまとめたりします。

要するに、この「二人間」での交渉と、「二人以上間」の交渉には、それぞれに、難しい点と、やさしい点があります。

（5）対外的交渉と対内的交渉

対外的交渉と対内的交渉との区別もあります。

自分たちのグループとは違うほかのグループの人々と交渉しているときには、先ほども申し上げたように、代表に選んだ人たちが窓の外や廊下などから、交渉の様子をじーっと見ている。その結果、交渉している者は交渉相手と自分を選んでくれた人の両方を気にしないといけないことになる。

▼とくにこの場面では、木村先生は交渉している二人の役割を演じようとして、立っている場所をすばやく変える。子どもたちの間から笑い声が上がる。

仮に君と君が交渉するとして、他の全員が教室の外で見ている場合を考えましょう。君としては、相手のことはそんなに嫌いではないし、その主張している立場もわかるので、「このへんでいいなあ、もう話をまとめて握手したいなあ」と思って手を打ちたいと考える場合でも、外部から交渉者の君を眺めている人々が、「そんな弱腰ではだめだ。もう少しねばれ」という圧力をかけるケースがあるでしょう。

そのとき、君は、仲間が自分を眺めている背中のほうを気にしつつ、交渉を行うこととなる。

こういうふうに、交渉は、面と向かい合っている相手とだけ行うものではなく、交渉を見守っている人々のことも大いに気にし配慮して行う行動なのです。

たとえて言うと、東京ドームで野球をやっているジャイアンツの選手みたいなものです。自分たちは、たとえば目の前の相手である阪神タイガースとの試合をしているばかりではない。周りの四万〜五万人の観客、そのほかテレビや新聞を通じて試合を観戦しているかなり多数の人々がいる。だから決していい加減な試合をしてはならない。仮に「今回はうちが一回負けますから、次は勝たせてください」などという気楽なゲームをほんとうはやりたくても、そんな八百長ゲームをしたら周りの見物人たちは一斉に怒りを爆発させるに違いありません。交渉は、並行して対外と対内で二重に行っているゲームなのです。

(6) 批准の必要な交渉と不要な交渉

次は、今日ぼくが書く字の中で最も難しい字です。五年生の諸君ではちょっと読めないと思いますが、想像してください。

▼「6. 批准」と板書すると、何人かの子どもが「ひじゅん」と大声を出す。

読み方はアタリです。では、一体どんな意味でしょう。

たとえば日本の外務大臣である池田行彦さんが、ロシアやアメリカなどに行って、あることについて話し合ったり、交渉したりして、条約や協定を結んで帰ってきても、国の運命がかかわるような大事な場合は、それだけではまだ不十分です。橋本龍太郎首相ですら決めることはできません。

これから十年先、二十年先まで続く、日本のアメリカやロシアとの重要な条約などは、橋本首相個人が署名をし、相手のクリントンさんとかエリツィンさんとかが署名をしても、それだけではいまだ有効とはなりません。日本に帰ってきてから、国会という議決機関でその条約を認めてもらわなければならないのです。これを、批准を必要とする交渉といいます。他方、大抵の交渉はそのような難しい手続きの必要はありません。

(7) 全部をとるか、ゼロになるか、妥協するか

交渉の分類のなかで、最も大事なのは次の七番目です。これが、また非常に難しい。交渉には、「ゼロ・サム・ゲーム」と「ノン・ゼロ・サム・ゲーム」の二つがあること。この二つを区別することは、非常に大切です。

「サム」という英語は、「全体」という意味です。「ゼロ・サム・ゲーム」の交渉とは、

交渉の結果として一方のとり分が全体になるか、ゼロとなるかの交渉です。

他方、「ノン・ゼロ・サム・ゲーム」の交渉とは、一人の人が全体をとり、もう一人の人がゼロとなるという不公平なものでなく、交渉に参加している人々の間で利益を分け合うことになる交渉です。

▼一個のリンゴを黒板に描き、それを線で四つに分ける。

ここにリンゴがあるとします。これを四人で分けるとしたらやさしいですね。ナイフで切れば、一応四つになります。これは「ノン・ゼロ・サム・ゲーム」です。四分の一ずつとれることになり、みんなが満足します。

ところが、このリンゴが分けられない場合、たとえばリンゴでなく、尖閣列島、北方領土、竹島、フォークランド諸島という島の場合はどうでしょう。国家の主権は、半分ずつに分けられない性質のものです。また、異なる国民が同じ土地の上に住むと、何かにつけけんかや争いのもととなります。そのような争いが起こった場合、一体どちらの国の法律に従ってどちらの国の裁判官が争いごとの決着をつければよいのでしょうか。

つまり、どちらかが全体を所有したり要求したりすることとなる「ゼロ・サム・ゲーム」交渉が、世の中にはあることになります。

しかし、そういう交渉は、いつまでも話し合ってもなかなか解決しません。とくに地球上に一つしかなく、分割できない領土の主権をめぐる交渉は、いつまでたっても解決しないことになります。

そこで、「ゼロ・サム・ゲーム」の交渉を、なるべく「ノン・ゼロ・サム・ゲーム」の交渉へと変える工夫が必要となってきます。

おもしろい例を用いてこのことを説明しましょう。ここに、お姉さんと妹さんがいると思ってください。仮にこの二人が、どちらも一つのリンゴを切らないで丸ごとほしいとだだをこねる場合、一体どんな解決方法があるでしょうか。

▼「ジャンケン」と答える子どもがある。

そう、ジャンケンで決まったらいいですね。交渉のやり方として、ジャンケンの方法はほんとうにあるのです。くじ引きで決める解決法もあります。

しかし、ジャンケンやくじ引きがいやだという場合は、どうしたらいいでしょうか。もう一つの方法があります。

お姉さんと妹さんに向かって、そもそもあなたはなぜリンゴがほしいのですか。こう率直に尋ねることです。そのことによって、ほんとうにお姉さんがリンゴをほしい理由、妹さんがリンゴをほしがる理由がわかります。

▼「ジャンケン」と答えた子どもが、また挙手して、「ほしい理由を言ってもらって、みんなで決める」と答える。

そのとおりです。分けるのがいやだというお姉さんの理由は、「リンゴを写生してくるように」という学校の宿題が出たので、リンゴを分けようとして切ってしまったら絵に描きにくくなるので、困るというものでした。

妹さんの理由は、おなかがすいているので丸ごと食べたいというものでした。

そういうことがわかった。では、解決はどうしたらいい？

▼「さきにお姉さんが写生して、それから妹が食べたらいい」という答えが出る。

そのとおり。次の問題。

今度は、オレンジを、お姉さんと妹さんの両方ともがほしい、二人とも、写生ではなく食べるためにほしい。しかも、くじ引きはいやだ。そういうときには、どうしたらよいでしょうか。

▼「二人とも食べる」という答えが出るが、「それが、いやなのです」という先生の応答に、「気色悪いから？」という声が上がる。

時間がもう少なくなりましたので、先生が答えを言ってしまいます。

よく聞いてみると、妹さんは、いま皮をむいてオレンジの実を食べたい。お姉さんのほうは、マーマレードを作りたいから皮のところだけでいい、ということがわかりました。これならば、解決は可能ですね。

もう一つ、尋ねます。

ある生徒が、図書室で本を読んでいました。もう一人の生徒が来て、「今日は暑いな。暑いからちょっと窓を開けてよ」と言いました。初めからいた生徒は、「いや、ぼくは風邪を引いているので開けないでほしい」と主張しました。この場合、どう解決したらいいでしょうか。

▼「どうして図書室を一つしか使っていないのですか?」という質問が出る。

いい質問ですね。だけど、それに答えると、ほとんど答えを言うことになるので答えるのはよしましょう。

▼質問した子どもは、「一人は窓を開けて、もう一人は違う図書室へ行って暖かくする」という答えを出す。

この場合、図書室の部屋は一つしかありません。

▼「もし、この部屋ならば、窓を開けて、そちらには冷たいほうがいいと言う人が行って、暖かいほうがいいと言う人は反対側に行く」という答えが出る。

はい。答えは、君が言ったことにほとんど近いものです。ただ、窓を開けると、風がびゅーんと入ってきます。

答えは、廊下の隣の部屋の窓を開けることです。そうすると、風邪を引いている人は、廊下の壁によってさえぎられ、直接風に当たらないですむ。また、風に当たりたいと希望する人は、それほど強い風はこないけれども、一応風は回ってくるので満足する。

それぞれが一〇〇パーセント完全には満足しないけれども、妥協点を見つけることができる。これが、最も大事なことです。どのようにすればこのような妥協点を見つけることができるか。このことを研究するのが、「交渉」の学問です。

実際に、このような考え方を応用した例があります。

いま新聞やテレビで騒がれていますように、イスラエルという国とアラブ諸国とは、爆弾を落とし合ったり、殺し合ったりして、けんかをしています。

イスラエルのほうが力が強く、ある土地を獲得しました。

ところが、エジプトの人がどうしてもその土地を返してほしいと言ったので、アメリカの大統領が仲裁に乗りだして、ようやく解決しました。

どのようにして解決できたのでしょうか。さきほどみんなで考えたリンゴやオレンジの例と似ています。エジプトの大統領とイスラエルの大統領にアメリカに来てもらって、どうしてそんなにその土地がほしいのですか、とそのわけを聞きました。

エジプトの大統領の言い分は、エジプト側は自分たちの土地を奪われたので、取り戻さなければ大統領としても国家としても恥ずかしい、どうしても返してもらわねば気がすまない、というものでした。

イスラエルのほうは、その土地はほとんど砂漠だから大してはほしくないのだけれども、自国の周りがアラブ諸国に囲まれている状況にあるので、その土地をとっておかないと、将来アラブの国々から攻められる可能性が心配である。なにも生えない土地だけれども自分のもとに置いておきたい、と主張しました。

アメリカの大統領は、それならばその土地に国連の監視軍を置くなどして、イスラエルにアラブ諸国が将来攻めていかないようにしよう。イスラエルは、安全をとって満足し土地を返しなさい、という提案をしました。このように、土地と安全の交換によって問題が解決したのです。

異文化を理解して、共存しよう

時間がきました。少しだけ授業時間を延長して、「Ⅳ．異文化」と題する最後のところで、外国人と「交渉」する方法についてお話しします。

日本人であるみなさんが将来、アメリカの人々やロシアの人々と「交渉」するとき、最も困るのは、おたがいにこれまで育ってきた文化が違うので、こちらの理屈が向こう側に十分通じないことが起こることです。

たとえば、日本人はメンツとか自分の気持ちで押していこうとしても、外国の人々のなかにはそのようなことをよく理解してくれないばあいがあります。「なぜ、そんなにメンツにこだわるのですか。名を捨てて実をとりなさい。お金が儲かったらいいでしょう」。このように言われても、日本人はお金が儲かっても、恥をかくことをものすごく恐れる国民でもあります。では、どうすれば解決できるか。

結局、自分の文化が一体どういう特徴を持っているのか——このことを冷静に勉強することが、一番目に大事なことです。

二番目に大事なことは、そのことと同じくらいの真剣さでもって、交渉相手の外国の人々の文化を研究し、理解することです。よその国の人々の考え方を知ることは、ものすごく難しいことです。しかし、それにもかかわらずそのことをぜひやらなければならない。

三番目に、両者の間になんとかして橋をかけることができないか、と努力をつくすことです。

そして四番目に、こういう日本語はないかもしれないけど、自分自身が「二文化人間」になることです。みなさんの一人一人が二つの文化をわかる人間になることです。自分が生まれ育った日本の文化のほかに、どこかほかの国の文化――できるだけ数が多いほうがいいのですが――をわかるような人間になることです。

そうして、異なる文化を持つ国の人たちと共に存在していく道を見つけていくこと。これから二十一世紀に向かうにあたり、これはみなさんにとって非常に大事なことです。

そういうことを具体的に身をもって教えてくれるのが、「交渉」なのです。「交渉」ということを勉強することによって、最初のうちは対立している人々の間においても、なにか共通のものを見つけることができることを学ぶことができます。また、外国人とのコミュニケーションをはかり、狭い地球の上で一緒に生きていくことができるようになります。

そういう意味で私自身は、これからも「交渉」を勉強していきたいと思っています。

地球上には自分たちとは違った国民や民族が生きている。それらの人々は、自分たちとは少々違った考え方をしている。そのことを理解する。ただ頭の中で理解するだけではなく、そういう人々をあたたかく見守り、そういう人々と話し合い、共に生きていく。これは、じつは言うはやすく行うは難しいことです。そうであるにもかかわらず、そうしていきたいし、ぜひそうする必要がある。

私のおばあちゃんは、九十七歳で死にました。京都の古い家に生まれて育ち、その家の生まれたのと同じ部屋で死んでいきました。これはこれで、彼女にとって幸せなことだったのでしょう。地球上に日本以外の国や民族、たとえばアメリカ、ロシア、中国があることも知らなかったし、けんかも、もめごともしませんでした。

しかし、みなさんは、飛行機、テレビ、ラジオが発達している時代に生きています。外国を知らないではすみません。

世界の人々と理解し合って、一緒に共存できるようにする。そのための智恵《ちえ》や一つの有効な方法を教えてくれる。これこそが、「交渉」にほかなりません。

時を計る
山田慶兒

授業の内容

◆見えないものを見えるようにして計る
◆時間をどのようにして計るか
◆正午と東西南北を決める
◆日時計で一年の時間を計る
◆水時計——その改良の歴史
◆飛鳥時代の水時計の復元
◆サイフォンを使った水時計に発展
◆「切り込み」の大きな役割

＊一九九六年十一月十二日
京都市立桂坂小学校五年五組

見えないものを見えるものにして計る

▼授業が始まるとすぐ、先生は、用意してきた「さおばかり」で、ペンケースなどの重さを量る。

これは「さおばかり」です。

目盛りがあるので、それを読んで量ります。昔は、こういうはかりが、どんなお店にもあったのです。

今日の授業のポイントは、「時間を計る」ことです。それなのに、どうして先生は「重さを量る」はかりを持ってきたのでしょうか。

重さを量ることと、時間を計ることにはどういう関係があるのか。それについては、あとでわかるはずです。

「時間」というと、もう一つ、「空間」という言葉がありますね。

▼手を広げて、「こういう広がり」と言いながら空間を表す。
授業中を通じて、このようにたびたび手振り、身振りを交えて説明する。

空間を、なんで測りますか。

場所の広さは、なんで測りますか。

▼ようやく「物差し」という声が上がる。

そう、物差しで縦と横を測って、それを掛けると面積が出ます。それに高さを掛けると体積が出ます。

そうすると、空間の大きさはみんな物差しで測ることができますね。

空間は目に見えますが、時間というのは目に見えませんね。じゃ、目に見えないものをどうやって計るか。それを、これから考えてみましょう。

時計の時間は、どうなっているでしょうか。

時計にはふつう、円盤と、長い針と短い針があります。

これで私たちが計れるのはなんでしょうか。

▼腕時計を示しながら、図1を板書する。

それは角度です。図の場合は、長い針と短い針の角度が九十度です。九十度、直角になったら十五分です。

さらに百八十度になったら、三十分。

このように、時間というものは目には見えませんが、角度に置き換えて、その角度を読むことはできます。

つまり、時間は目に見えないからそのままは計れない。だから、角度に変えて計るということになります。

そういうものは他にもあります。

たとえば、温度計です。温度計は中に水銀が入っていて、水銀は温められると体積が膨張します。そうすると水銀は管の中を上がっていきますから、その長さを測ると温度がわかります。

このように、時間も温度も、目に見えませんから、目に見えないものは目に見える空間に置き換えて計っているわけです。

そうすると、時計は角度に置き換えて時間を計っていますが、時間はひょっとすると角度ではなく長さで計れるかもしれない。また、体積で計れるかもしれない。

それでは、昔の人はどういうふうにして時間を計ってき

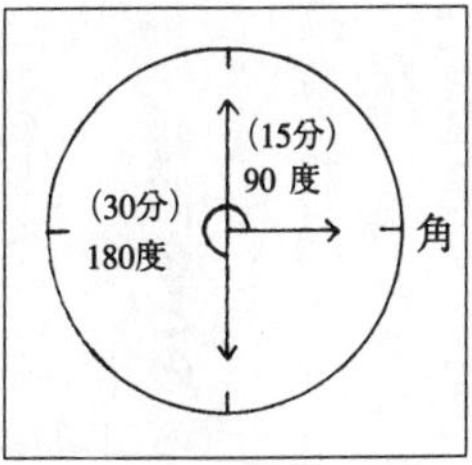

図1

たかを考えてみましょう。

時間をどのようにして計るか

時間には、ちゃんとした区切りがあります。

まず、一日を見てみましょう。一日には昼と夜があって、その昼と夜を合わせて「一日」になります。

それから、もっと長い区切りでは「一年」があります。春、夏、秋、冬の四季で一年です。

どういうふうにして時間を計っていたかというと、まず一日を計る。それから、いちばん長い時間の区切りの一年を計る。

この中間に、もう一つなにかありましたね。

▼「一か月」という声が上がる。

この間の説明をしながら、「一日、ひる、よる」「一月、月のみちかけ」「一年」と板書する。

板書された言葉や図は、必要に応じて、指さされたり、丸で囲まれたり、書き換えられ

たりする。

この一か月というのは、もともとなにかというと、お月様の満ち欠けによって決めているのです。

つまり、日も月も年も、みんな天体の運動によって決められている。

一日というのは、地球の自転ですね。地球が一回自転する時間を目安にして、一日という長さが決められています。

一か月は、月の満ち欠けの時間を基準にして決められています。

一年は、地球が太陽の周りを回る公転を基準にして決めています。一年がいちばん大きな時間の区切りですね。

このように、自然の中に、初めから時間の区切りがあります。私たちは、この時間の区切りを生活に役立てているわけです。

その時間をどのようにして計ったらいいか、ということを考えてみましょう。

時間にはいろいろな計り方があります。みなさんもよく知っているのは砂時計。もっと簡単なのは、たとえば西洋で言えば、ロウソク時計です。

▼「ロウソク時計」（図2）を板書する。

これは、ロウソクに十分、二十分、三十分と目盛りをつけて、それぞれの目盛りま

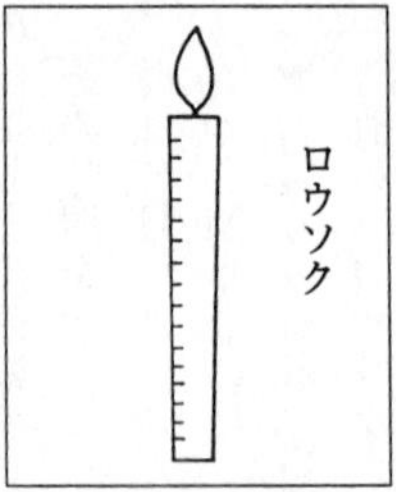

図2

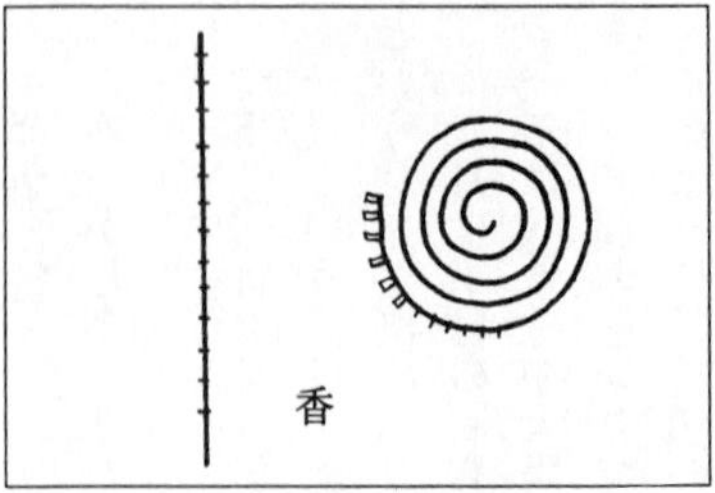

図3

で燃えたら、それだけの時間が経《た》ったことがわかるというものです。

日本にも同じように、香を燃やして時間を計るやり方がありました。

▼「香の時計」（図3）を板書する。

蚊取り線香のようなものを香で作って、時間の目盛りをつけておけば時計になりますね。目盛りのところには札が立ててありました。まっすぐなものもあります。

しかし、日本だけでなく、中国でも、韓国でも、太平洋の島々でも、ヨーロッパでも、アフリカでも、世界中どこででも変わらない共通の時間の計り方があります。それは、棒をまっすぐ地上に立てるやり方です。

地上にまっすぐに、垂直に棒を立てるにはどうしたらいいでしょうか。

簡単な方法は、糸になにか重りをぶら下げる方法です。

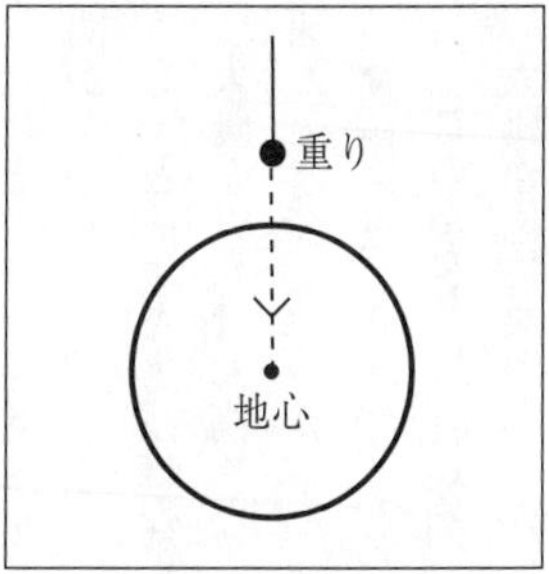

図4

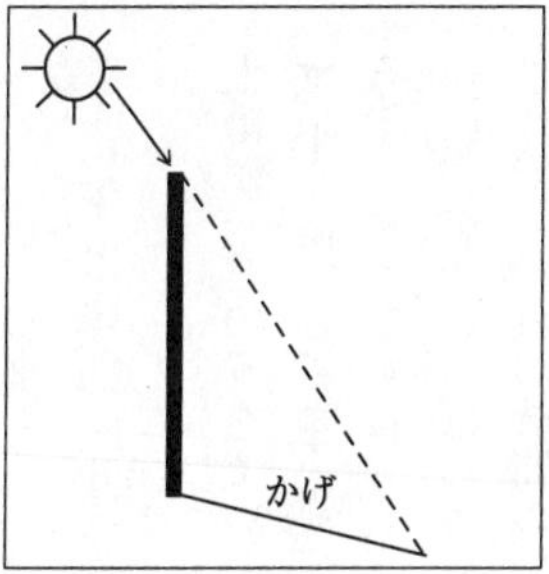

図5

そうすると、重りは地球の重力に引かれますから、地球の中心に向かってまっすぐに下がることになります。

そのまっすぐになった糸を棒のそばに持っていって比べれば、棒が垂直かどうかわかりますね。

▼糸に重りをぶらさげた実物を見せながら説明する。また、黒板には、重りが地球の中心に向かってまっすぐ垂れる図（図4）を描く。

続いて、図5のような「太陽、棒、影」の図を描きながら説明。

そして、そのまっすぐに立てた棒の影の長さを測ります。

太陽が棒に当たると影ができますね。その影の長さを測るのです。影の長さは、時間によって変わりますから、影を見れば時間がわかるのです。

正午と東西南北を決める

太陽が一日のうちでいちばん高いところに来るのは、いつですか?

▼「十二時」と答える声がある。

そう、お昼ですね。そうすると、影はいちばん短くなるということですね。逆に、影がいちばん短くなったときが、正午だということです。これで、一日の時間のいちばん基準になるところが決まりました。だけど、一日中見ていて、いちばん短い影の長さを測るのはなかなか難しいし、時間がかかります。

もっと簡単な方法はないでしょうか。太陽がいちばん高くなるのは、どういう方向に来たときですか。東西南北のどこに来たときでしょうか。

▼「南」という声が上がる。

このあたりは、具体的に説明するため、身振りや手振りが激しくなる。

太陽が南に来たときがいちばん高いのなら、初めから南の印をつけておいたらいい

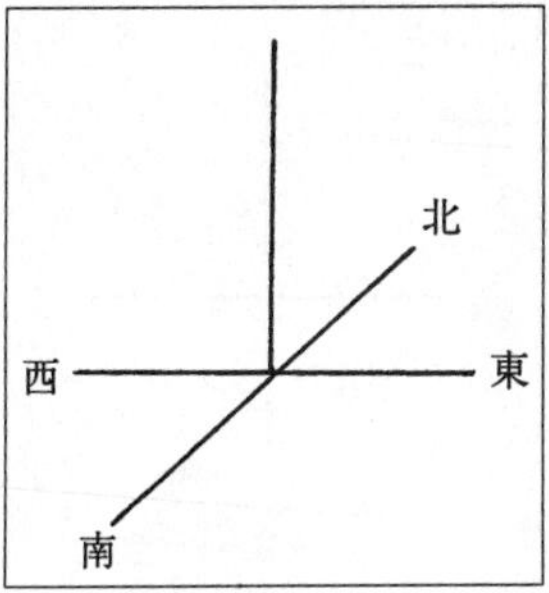

図6

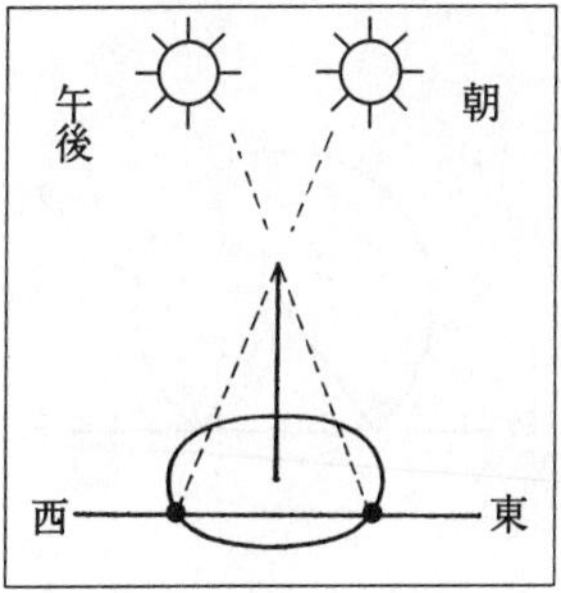

図7

ことになります。

▼地上に東西南北を書き込んだ、図6を板書する。

このように地上に東西南北の線を引いておけば、影がちょうど南に来たときだけ測ればいいことになります。南の線に影が落ちるときが、必ず、影がいちばん短くなるときです。

それでは、東西南北は、どのようにして決めますか。

東西南北を決めることは、だれにでも簡単にできますよ。君たちも一度、運動場でやってみるとおもしろいね。

まず、地面に垂直に棒を立てます。これを中心にして、円を描きます。

そして、朝、太陽が上ると、棒の影がちょうど円周のところに来るときがありますから、そこに点を

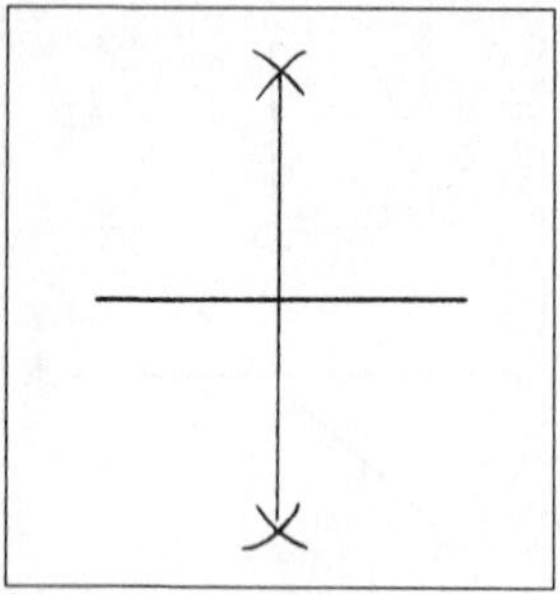

図9

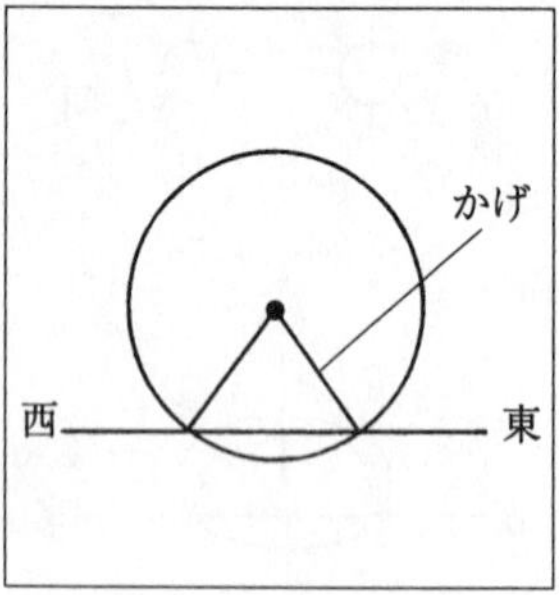

図8

つけておきます。

午後になると、こんどは棒の影が反対側の円周に落ちるときがありますから、そこにも点をつけます。その二つの点を結べば、正確に東西の線になります。

▼この説明をしながら、図7を板書する。また、それを上から見た図として、図8を板書する。

今度は南北の線を引きたいと思いますが、どうしたらいいでしょうか。

線があって、それに垂直な線を引くとき、ふつうなにを使いますか。

▼「物差し」「定規」「分度器」などの声が上がる。コンパスという声は出なかったが、図9を板書しながら、コンパスを使って垂直線を引く方法を説明する。

図10

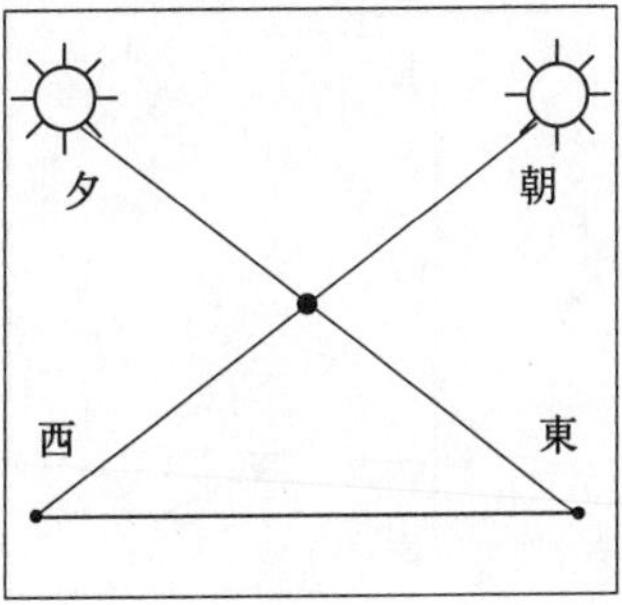

図11

そして、運動場などで実際に垂直線を引く場合は、コンパスの代わりに、なにかひもを使って引くことを説明しながら、図10を板書する。

こういうふうに、一本の棒は、正午を決めることができるだけでなく、正確に東西南北の方向を決めることもできます。

違うやり方もありますよ。

古い時代にはよく使われた方法ですが、朝日が出た瞬間は棒の影はずっと伸びますから、そこに印をつけます。

それから太陽が沈むときもやっぱり影が長くなりますから、そこに印をつけます。

▼図11を板書する。

その二つの印を結べば、やはり東西になります。

もっと違ったやり方もあります。

今度は、もう一本棒を用意します。

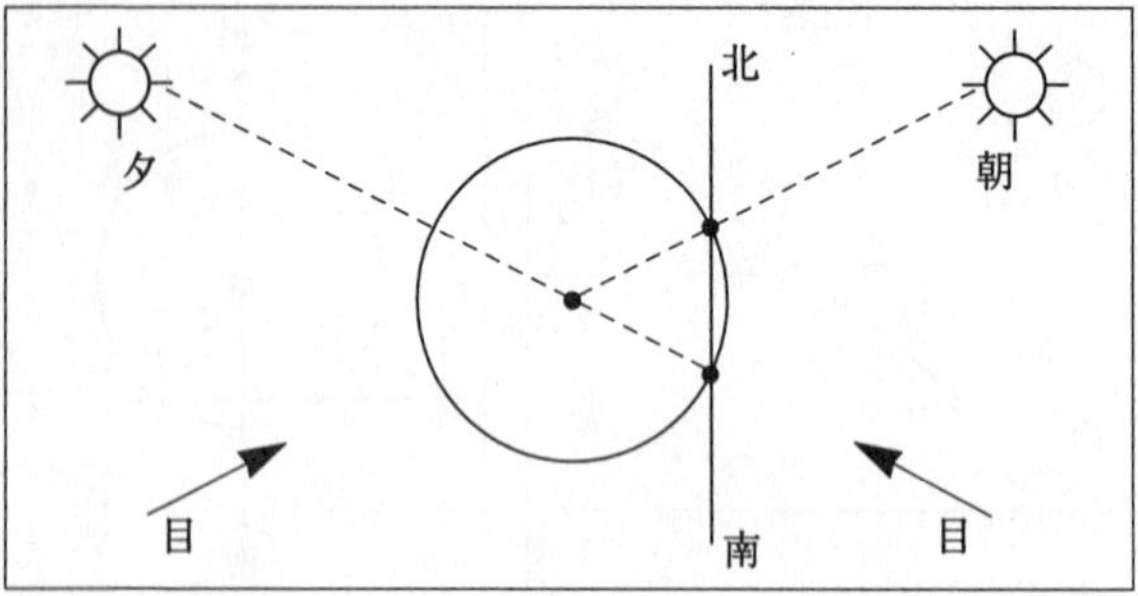

図12

それは、移動できるように、下にちゃんと足をつけておきます。

朝日が出たとき、中心にある棒と太陽を一直線に結んで、その線と円周の交点の上にこの棒を置き、印をつけておきます。

そして夕方、太陽が沈むとき、棒と太陽とを結んだ円周の上に足のついた棒を置き、印をつけます。その印を結ぶと、南北の線になります。

▼この間の説明をしながら、図12を板書する。

南北の線ができれば、コンパスを使って今度は東西の線を引くことができます。

こうして東西南北の線ができれば、南北の線に棒の影が落ちるいちばん短いところを測れば正午になります。

昔から、世界のいろいろな所で、棒を立てて影の長さを測っていた資料が残されています。

▼子どもたちにはあらかじめ資料が配付されている。
ここでは、ボルネオの部族が、棒を立てて、季節を調べている様子の図について説明する。まだ、裸で生活している時代のものである。


これで、影の長さと時間に関係があることはわかりましたね。

このことを応用して、日時計が作られました。

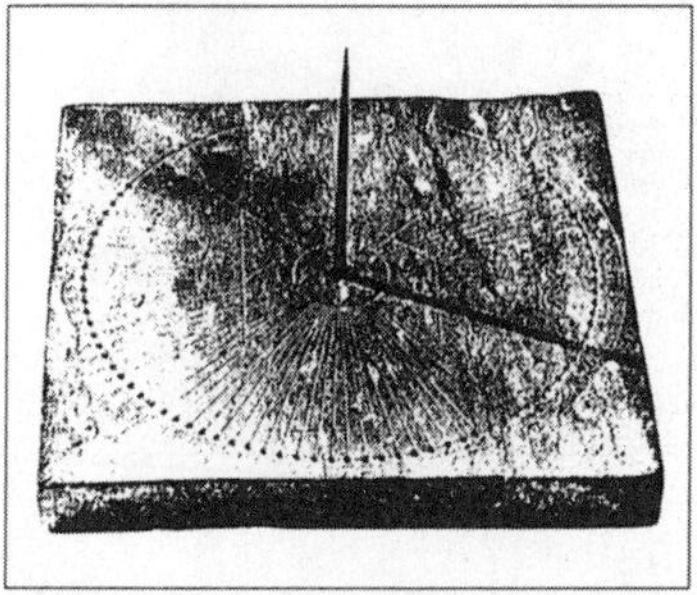

図13

これは、中国の漢の時代のお墓の中から出てきた日時計です（図13参照）。

目盛りがついていて、これで朝の日の出から、日が沈む日没まで、一日の時間を計ることができます。

周りに点々とあるのは、棒を立てたのです。そうすると影と棒が一致するので、時間が見やすくなります。

このように、一本の日影棒で一日の時間も、それから東西南北の方向もわかりました。

日時計で一年の時間を計る

それでは、一年の時間の長さをどう計るか、ということになります。

やっぱり、同じところに棒を立てます。

一日でいちばん太陽が高くなるのはお昼で、そのとき棒の影がいちばん短くなるのでしたね。

では、一年のうちで太陽がいちばん高くなるのはいつですか。

▼「八月」という声が上がる。「夏至《げし》」と板書し、六月の二十二日ごろであることを説明する。

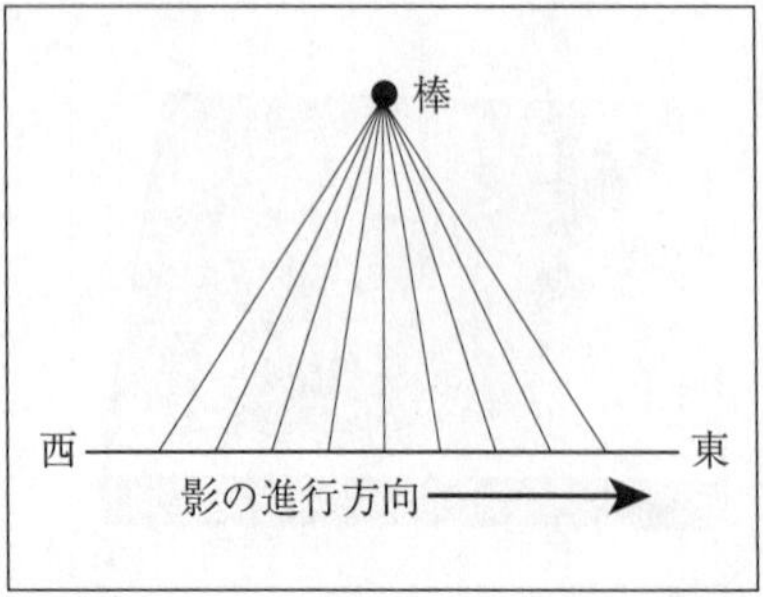

図14

また、「冬至」「春分」「秋分」の説明のときも、それぞれ板書する。

この間の説明は、図14に影を書き加えたりしながら行われる。

一年のうちで、棒の影がいちばん短くなるときを見つければいいのです。それが夏至です。

それとは逆に、棒の影の長さがずっと遠くまで達する、いちばん影の長い日はいつかというと、冬至です。

一年中で、影の長さがいちばん短い日と長い日によって、夏と冬の基準となる夏至と冬至が決まります。

では、春と秋の基準の日を求めるにはどうするかというと、一日で昼の長さと夜の長さが同じになるのが、春分と秋分です。いわゆるお彼岸で、みなさんはこの日にお墓参りに行ったりするでしょう。

この日はどうして決めるか、というと簡単に決められます。

この日、太陽がちょうど真東から出て真西に沈むので、影はちょうど東西の線の上を移動していきます。ですから、移動する棒の影の先端に印をつけていって、それが一直線になれば、その日が春分と秋分ということになります。

こうして、地上に立てた一本の垂直の棒で、一日も一年も計ることができます。

東西南北の方向も決めることができると言いましたね。

考古学や古い歴史に興味がある人も多いと思うけど、よく古墳が発見されることがありますね。

そういう古墳や、宮殿の建物がちょうど南北を向いていることがありますが、それはみんな方向を日影棒で決めたのです。

エジプトでは、持ち運びできる、小さな日時計が発掘されています。影のいちばん短いところが夏至、最も長いところが冬至を知るものです。最も古いものは、いまからおよそ三千五百年前のものです。

中国には古代から国立天文台があり、十三世紀のモンゴル王朝（元）の時代の天文台には巨大な測影台が作られましたが、影の長さを測る物差しは、石でできていました。その長さは十二メートルほどもあり、夏至・冬至・春秋分などをしめす目盛りが刻まれていました。

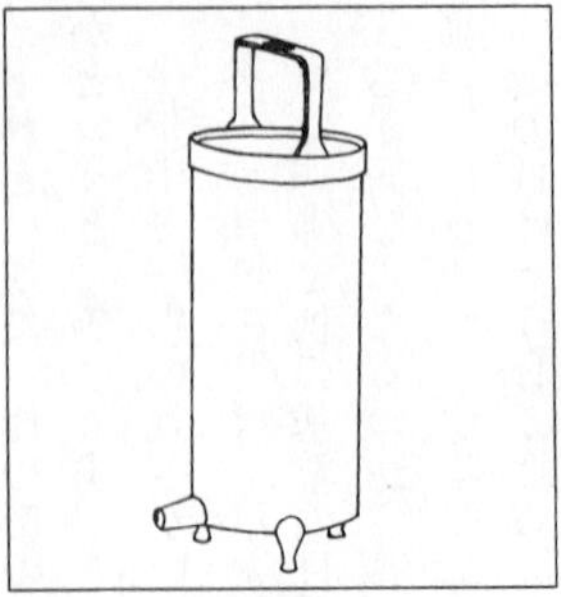

図15

▼この間の説明は、配付している資料にもとづいてなされる。

このようにして、日時計が発達していきました。

ところが、日時計には困ったことが一つあります。時間を計るうえで、なにに困ったと思いますか。

▼先生の誘導に従って、「雨のとき」「曇りのとき」「夜は計れない」という声が上がる。

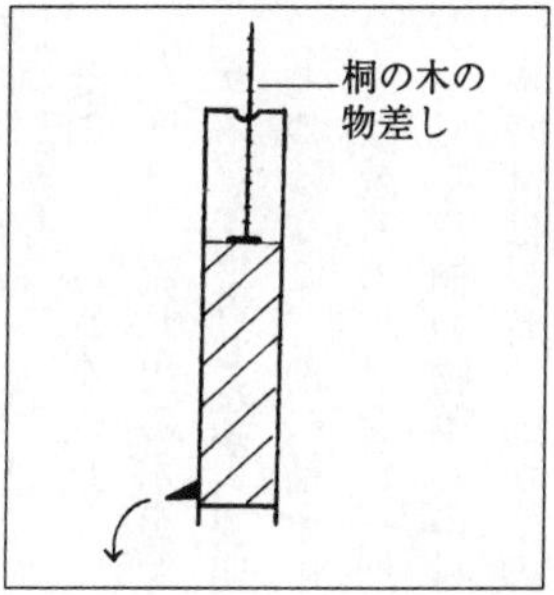

図16

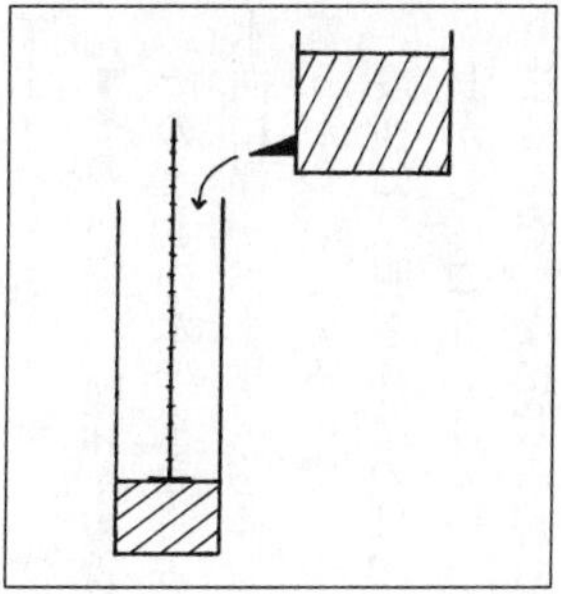

図17

そうです。じゃあどうするか、ということで出てきたのが水時計です。

日時計とならんで、今度は水時計が活躍する時代になるのです。

水時計——その改良の歴史

中国のお墓から出てきた、漢の時代の水時計があります。

下の方に水が流れる口があって、上の方にふたがあり取っ手がついていて、取っ手にも、ふたにも穴が開いています。持ち運びできる水時計です。

▼図15は、漢時代の水時計の形をトレースしたもの。説明は、断面図も用いてなされた。

これはどのようにして使うかというと、水を満たすと、下の口から水が流れ出てだんだん減っていきます。

▼その原理を、図16を板書しながら説明。

そのときの水の量を量るため、軽い桐《きり》の木で物差しを作り、下に小さな舟を作って水面に浮かべます。物差しの上のほうは取っ手の穴に通しておきます。物差しには目盛りがついているので、それを取っ手のところで読んで時間を計るのです。

最初に発明されたのは、こういう水時計でした。

しかし、こういう水時計は不便ですね、水がなくなると、また水を入れなければなりませんが、なにしろ持ち運び用ですから容器が小さく、水がすぐに流れ出てしまいます。

そこで、これを改良して、もっと大きな容器を使うことにしました。

今度は、流れ出る水を溜《た》める壺《つぼ》をすえつけました。

▼図17を板書しながら説明。

上のほうに、別の桶《おけ》を用意して水を入れ、そこから水が流れ出て壺に溜まっていく。今度は減るのではなく、増えていく。その増えていく水の量を、すこしずつ浮かび上がってくる桐の物差しの目盛りを読んで時間を知る。

水時計は長時間動かすのが大変です。たえず、水を補給《ほきゅう》するのも大変です。

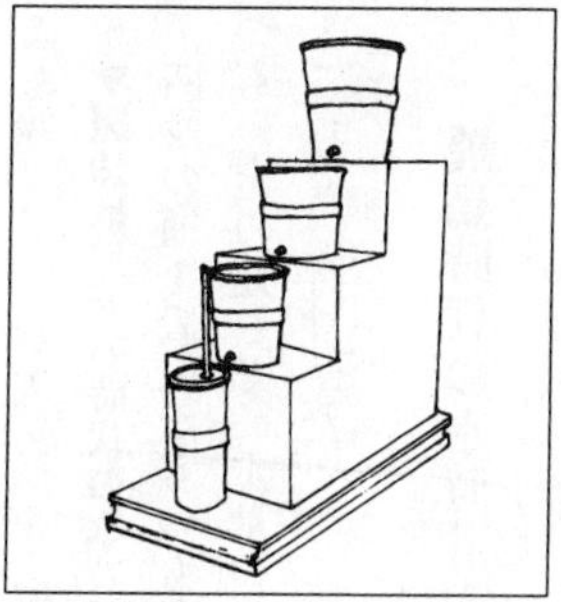

図19

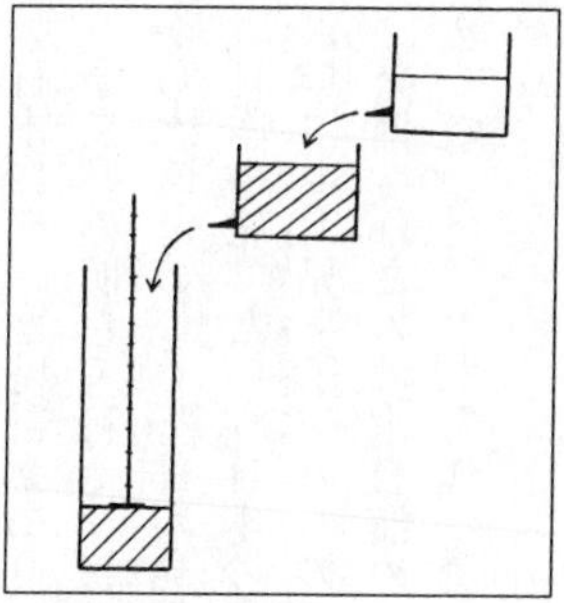

図18

しかも、大事なことは、いつも一定量の水が流れるようにしないといけない。

水がたくさん入っているときは水が速く流れますが、水が少なくなると、水の流れる速さがだんだん遅くなって流れる量が少なくなります。そうすると、時計がだんだん遅れていきます。

それでは困るので、いつも上の桶に入っている水の量を同じにして、いつも同じ速さで同じ量の水が流れるようにしたい。そのために、上の桶の上に、もう一つ桶を足す（図18参照）。

これでも十分でないというので、また上にもう一つ桶を足す。

こういうふうにして、だんだん桶を足していくことが考えられました。

中国の元の時代、十三世紀に作られた水時計がいまも残っています。桶を三段に重ねたものです。

▼図19は、元の時代の水時計のおおよその形を示したもの。

四段の桶を置いたものもあります。三段か四段重ねると、水の流れは安定して、いつも一定の速さで一定量の水が流れ出るようになります。

これで、時計がたいへん精密になりました。

飛鳥時代の水時計の復元

日本にも、水時計がありました。

奈良県の明日香村で、数年前、「水落《みずおち》遺跡」という遺跡が発掘されましたが、そこから水時計のごく一部が発掘されたのです。

『日本書紀』という日本の古い歴史を書いた本の中に、その記録がありました。六六六年に中大兄皇子《なかのおおえのおうじ》、のちの天智《てんち》天皇が水時計を作ったというものです。

発掘されたのは水を溜めておく箱のほんの一部分だけで、あとはなにも残っていませんでした。水を入れる道具などは残っていましたが、水時計の他の部分はありません。

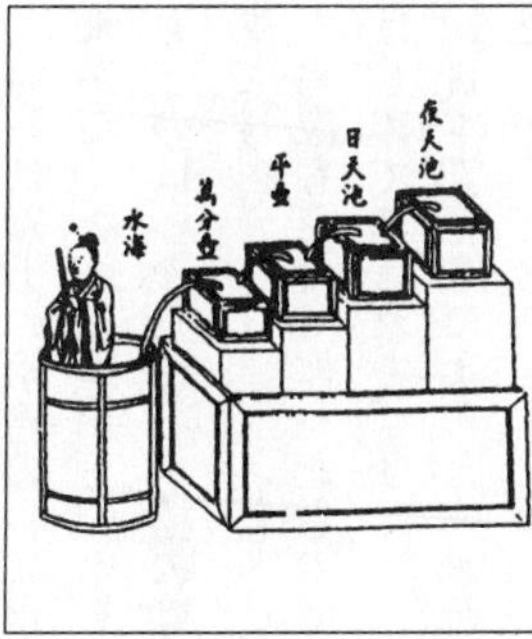

図20

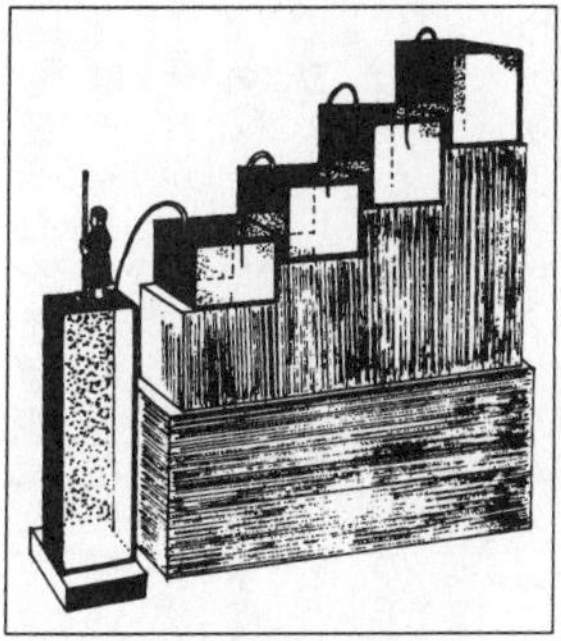
図21

　そこからわたしたちは推測して、歴史の資料を調べていろいろ検討し、いったいどんな水時計があったかを考えました。

　いろいろ調べていくと、この明日香村で発掘された水時計ができる、少なくとも二十年から四十年ほど前に、中国で四段式の水時計が作られていたことがわかったのです。

　これが、七世紀の唐の時代に作られた時計です(図20参照)。

　みなさんは遣唐使を知っていますか。このころ日本から中国の唐の国に、つかいの人たちが何回も行っています。つかいの人だけでなく、留学生も送られました。その遣唐使を通じて、日本と唐の間に文化的な交流がありました。

　そういう時代ですから、この唐の最先端の技術が日本にも伝わっていただろうと推測したのです。

そしてそれをモデルにして、いろいろな計算をしたり、実験をしたりして、もとの時計はきっとこうだったに違いないというものを作りました。

それが、図21の水時計です。
▼授業では、復元模型の写真が示されたが、図21はそのトレースで、だいたいの形を示す。
これは、四段の水槽があって、そこから水が流れ出ています。そして、人形が目盛りの棒を支えていて片方の手の指の先が目盛りを指しています。

この水時計を作って、実際に時間を計ってみると、とても正確な時計であることがわかりました。

いちばん上の水槽の中に水をいっぱい入れておくと六時間もちます。六時間経つと水がなくなりますから、水を補わなければなりません。しかし、上の桶が空になっても下のほうの三つの水槽にはまだ水がいっぱい入っていますから、時計は正確に動くのです。

想像も交えて作ったものですが、たぶんこういうふうな水時計が七世紀の日本で、はじめて作られた。

『日本書紀』によると、水時計で時間を見て鐘をつき、飛鳥《あすか》の人たちに時間を知らせたと書いてあります。

この水時計は、いま明日香村の飛鳥資料館に展示されています。

サイフォンを使った水時計に発展

こういうふうに水時計は発達してきたのですが、水時計はいつも上手に管理しておかないとうまく動きません。

まず、いつも同じ温度にしておく必要があります。なぜかというと、水は温かくなると膨らむでしょう。寒くなると凍ってしまいます。温度の変化によって流れ出る量や速さが変わります。

ですから、いつも一定の温度にしておかなければならないので、とくに冬はたいへんでした。

二重の壁の部屋をつくり、冬になると、火鉢などを置いて部屋を暖め、水が凍ったり、冷たくなりすぎないようにしました。

また、水時計に使う水はきれいなものでなくてはなりません。水に不純物や泥が入って濁《にご》ったりすると、水が流れ出る口は小さい穴ですから、すぐつまってしまいます。つまると、水の出が悪くなりますから、時計は遅れてしまいます。ですから、きれい

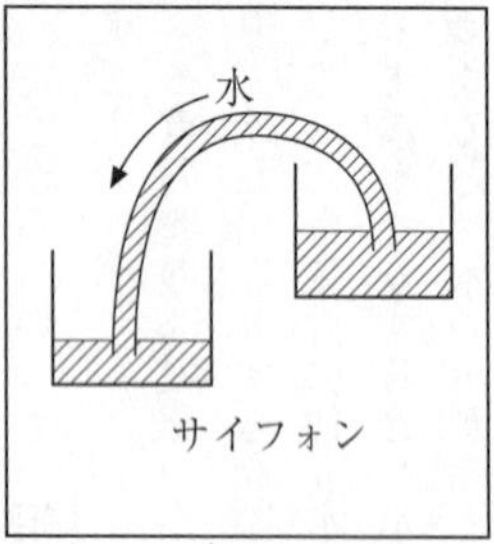

図22

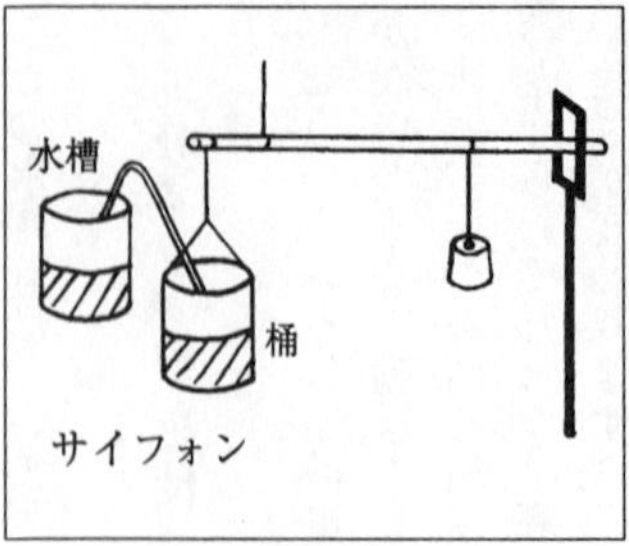

図23

な水でなければならないし、水が流出する口を絶えず掃除しておかなくてはなりません。

しかし、あまり掃除すると口が大きくなって、水の流れる量が増え、時計が速く進み始めます。ですから、筆毛のようなもので掃除したのです。

このように、水の流れ出る口を管理することは、いつも大きな問題でした。そこで、なにか別の方法がないか探していました。

みなさんは、サイフォンの原理を習いましたか。小さな管に水を満たして、段差のある二つの水槽を結ぶと、あとは自然に水が流れますね。

▼サイフォン（図22）を板書して説明。

ふつうだったら、水は低いところから高いところへ流れないけれど、サイフォンを使うと水は低いところから高いところを越えて流れる。これだと、管が古くなったらすぐ取り替えられます。

このサイフォンを使った水時計を発明した人は、五世紀の中国の西域《せいいき》の人です。
ここで、やっと、最初に見せたはかりが出てきます。

▼授業の最初に見せた「さおばかり」を取り出し、「さおばかり」を使って説明する。その原理を図示すると図23のようになる。

はかりの物を載せる場所に、桶をつるします。そして、別の水槽に水を入れて上からつるしておきます。

そして、サイフォンで水槽から桶の中に水を入れるわけです。そうすると水がだんだん溜まってきます。

そして、だんだん重くなってきて一定の重さになると、重りをつるしたさおがコトンと上がりますね。

さおが上がったら、水平になるように重りをさおの外のほうに移します。

また重くなってきてさおが上がったら、重りを移す。

それを繰り返しながら、時間を計っていくわけですから、そばにだれかがずっとついていないといけない。

これはどういうときに使ったかというと、中国の皇帝が馬車に乗ってどこかに行くとき、その行列の馬車の中に据えつけてありました。これが新型の移動式水時計です。

タンクは上につるしてあるので、少しぐらい振動があっても大丈夫です。

この水時計も、原理的にはいままでの水時計と同じです。

つまり、だんだん増えていく水の量(体積)を長さに変えて、時間を計っています。

この「さおばかり」を持ってきたのは、ここのところを説明するためでした。

時間をまず重さに変えます。次に、重さを長さに変えて、長さの目盛りを読み、それで時間を計るのです。

ここまできてやっと、「さおばかり」で時間を計るという意味がわかったと思います。

こういうふうにして、時計がだんだん発達していきます。

「切り込み」の大きな役割

最後に一つだけつけ加えます。上の桶の水の高さをいつも同じに保つことが、時計が遅れたり進んだりしないためには、いちばん大事なことでしたね。

水の高さを一定にするために、いくつもいくつも水槽を重ねてきたわけです。ところが、ほんとうはもっと簡単な方法があるのです。

それは、上の水槽に「切り込み」をつけることです。
▼**図24のように、「切り込み」を板書しながら説明する。**
下の水槽に「切り込み」をつけておけば、水が溜ってその「切り込み」に達すると外に流れ出ます。そうすれば、いつでも水の高さは一定に保たれます。

いまでも、この方法はよく使われています。

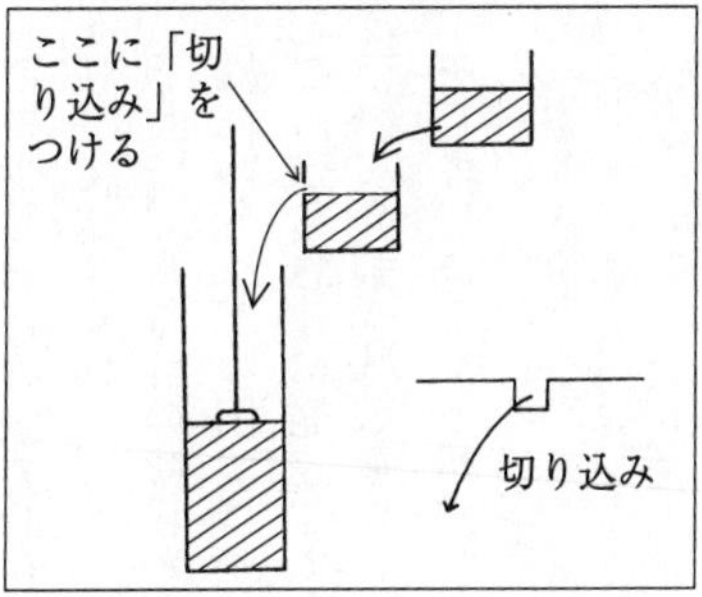

図24

ダムでは、水の量を一定にするために、必ずどこかに「切り込み」を作っています。大雨が降って、水の量が増えすぎたら、外に溢《あふ》れるようにしているのです。

中国では長い間、一つの水槽から、二つの水槽、三つの水槽、四つの水槽へと、水槽をふやして水の高さを一定に保つ方法で、水時計は作られてきました。

しかし、ついにこの簡単な方法を発明した人があらわれます。

これが、中国で発達した最後の段階の水時計です。

この少しあとの宋《そう》の時代には、「機械水時計」が作られます。これは、水時計の水を使って水車を回し、水車の回転で歯車を動かして時計を動かすものです。

そして、水時計の時代から、しだいに機械時計の時代に変わっていきます。

機械時計は、中国ではだいたい十一世紀から発達しますが、ヨーロッパでは十三世紀ごろから急速に発達してきました。ただ中国とヨーロッパとでは時計を動かす機械のしくみがまったく違っていました。

そして、ヨーロッパ式の時計がだんだん今日の時計へ発展してきたのです。

地中の花粉

安田喜憲

授業の内容

◆花粉を分析すると、なにがわかるか
◆イースター島のモアイ
◆夢を持とう
◆イースター島へやってきたのはポリネシア人だった
◆モアイは海を見ていなかった
◆モアイは千個、最大二十メートル、二十トン
◆どのようにして作られ、運ばれたか
◆モアイの目と「モアイ倒し戦争」
◆イースター島の悲劇
◆地球の森を食べつくしたらどうなるか

＊一九九六年十二月六日
京都市立桂坂小学校五年三組

花粉を分析すると、なにがわかるか

花粉はおしべの葯《やく》の中で作られる小さなものです。花粉の大きさは約百分の一ミリから十分の一ミリです。肉眼で見えない大きさです。

春になるとくしゃみをする人がいるでしょ。花粉症といって、最近流行《はや》っています。花粉は、肉眼では見えないけれど、春先にはそこらじゅうにいっぱい飛んでいます。

その花粉は、すごく強い膜をもっています。

▼以下、つぎのような絵（図1）を黒板に描きながら説明する。おしべからめしべに花粉が飛び移るところ、木から花粉が飛び地表や水面に落ちるところ、あるいはそれが湖底にたまるところなどを描く。また、「花粉」「百分の一ミリ～十分の一ミリ」「風」「虫」「水」「湿地」「湖」「海底」

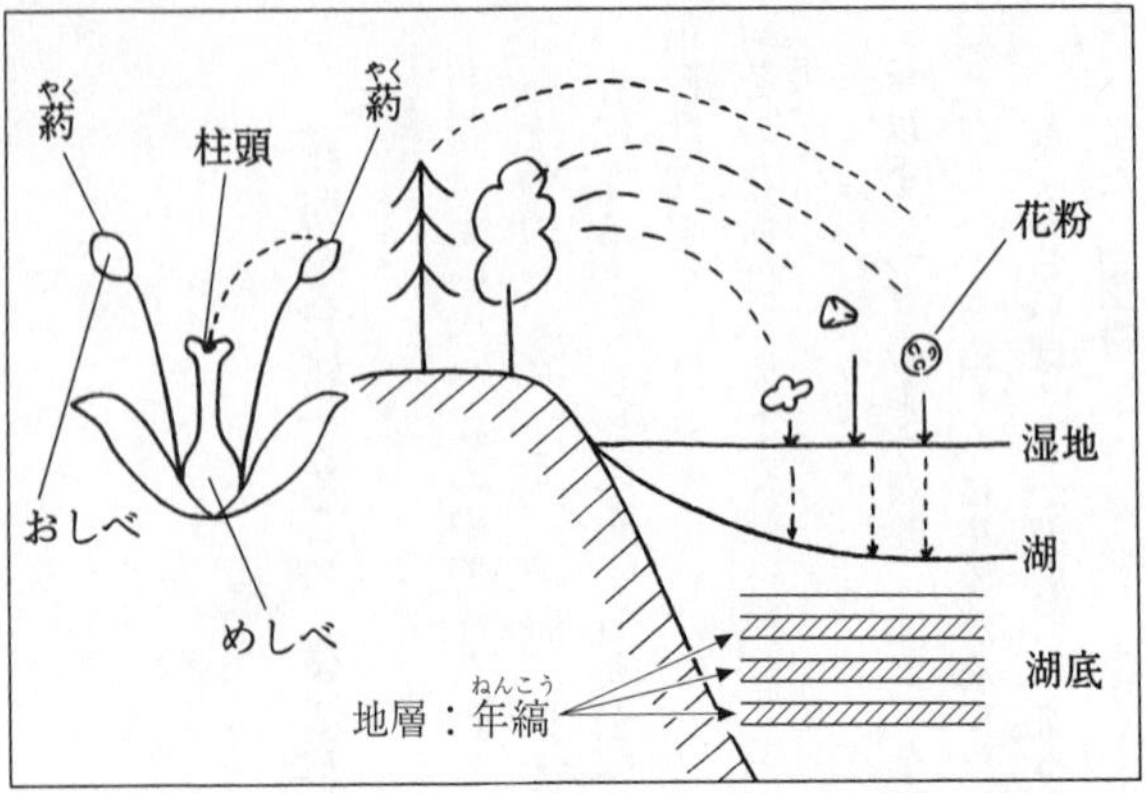

図1

「森」「花粉分析」というキーワードを板書しながら授業を進める。

花粉はどこで作られますか。

▼「おしべ」と答える声。

そう、おしべで作られます。めしべでは作られません。おしべの葯《やく》というところで作られます。

花粉が、飛んでいって、めしべと受精するわけですけれども、めしべに到着する花粉はほんとうに限られています。

花粉は、「風」によって運ばれるものが大半です。

中には、「虫」で運ばれるものもあります。ミツバチは、足に花粉ダンゴというのをいっぱいつけています。ミツバチは花から花へと飛びまわりますが、そのとき自分の足に花粉をつけて、めしべの柱頭《ちゅうとう》という部分に花粉をつけるのです。

あるいは、「水」で花粉が運ばれる場合もあります。たとえば、水草の花粉は、水が運んできて受粉します。

いろいろな受粉のやり方がありますが、受粉の機会に恵まれる花粉は少ないのです。大半は、風に乗って飛んでいってしまうのです。

花粉にはいろいろな形があるのですが、そういう花粉がみんな地表に落ちます。その落ちたところが、たとえば「湿地」、「湖」や「海の底」である場合もあります。図1のように木から花粉がワーッと飛んできて湖や湿原に落ちてたまっても、花粉は何万年でも腐らないで土の中に残ります。それは、花粉は非常に小さいけれども、膜がものすごく固いからです。

湖の水面に落ちたとしますと、その落ちた花粉は静かに底に沈んでいって、湖底にたまっていくわけです。小さいけれど膜がものすごく強いので全然壊れることなく、何千年でも何万年でも湖底の土の中に眠っています。

それで、私たちは、土の中にボーリングをして土を採取し、その土の中に含まれる花粉を抽出するのです。ボーリングはわかるかな。鉄のパイプを土の中に入れて、ぐるぐる回して深いところの土をとり、その土の中に含まれている花粉を手に入れるわけです。

最近、私たちが湖底に、年輪と同じように一年に一枚ずつ形成される年縞《ねんこう》堆積物をアジアではじめて発見し、注目をあびました。年縞の発見で、過去の環境の変化が年単位で復元できるようになりました。花粉を土の中から取り出すと、どういうことがわかるか。

たとえば、土の中に、松の花粉の化石がたくさん見つかったとすると、そこには昔、松の森があったということがわかります。

杉の花粉の化石がたくさん見つかったとしたら、その時代には杉の森があったことがわかります。

このように、昔の花粉の化石を土の中から取り出して、それを顕微鏡で見て、どんな種類の花粉か、どれぐらいの量があるかなどということをいろいろ調べる方法のことを、「花粉分析」といいます。

花粉分析から、昔の森の変化の様子がわかる。昔はどんな森があったのかということがわかる。杉の花粉がたくさん出てきたら昔そこに杉の森があった、松の花粉がたくさん出てきたら松の林があったということがわかる。

それでは、花粉がどんなものか、スライドで見てみましょう。

花粉は、種類によってそれぞれ形が違います。

図2は、赤松の花粉。

この赤松の花粉は顕微鏡で見たものですが、この赤松の花粉が土の中からたくさん見つかったとすると、昔、ここには赤松の林があったことがわかります。

どういう林かというと、図3のような林です。

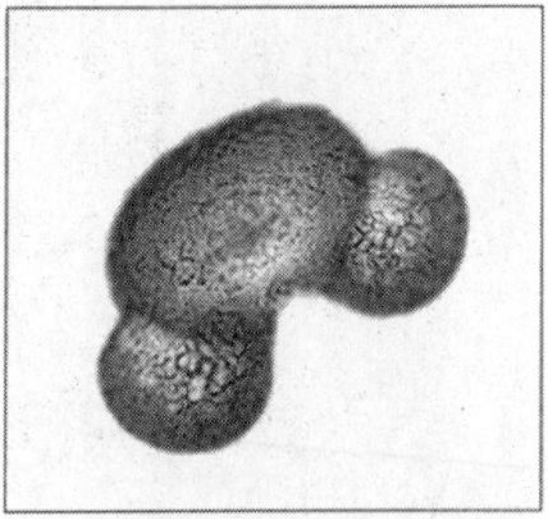
図2　赤松の花粉

図3　赤松の林

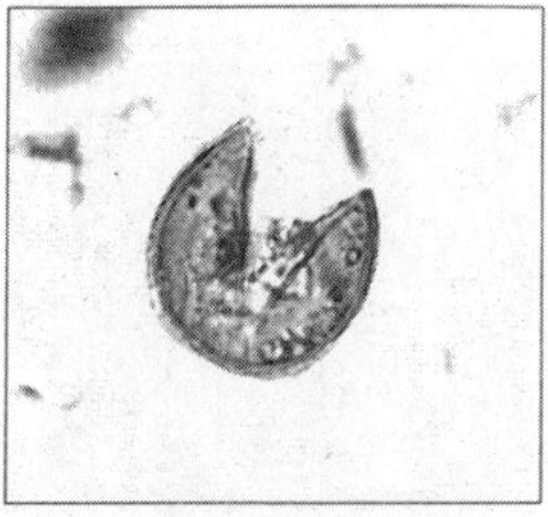
図4　杉の花粉

図5　杉の林

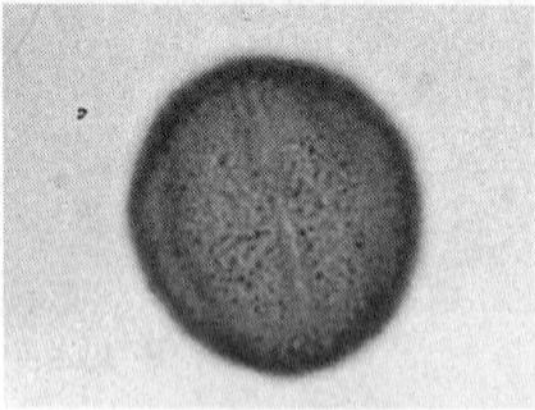
図6　ナラの花粉

図7　ナラの林

この林の下を掘ってみると、赤松の花粉がいっぱい見つかるんですね。

それでは、これ（図4）はなんの花粉かな。

そう、杉の花粉。よく知ってるね。この杉の花粉がいっぱいあったとすると、杉の森があったということになります。

図5が杉の林です。

図6はドングリのなるナラの木の花粉。

ナラの木というとわからないかもしれませんが、木を見ればどんな木かわかります。

図7がナラの木。そう、ドングリのなる木です。

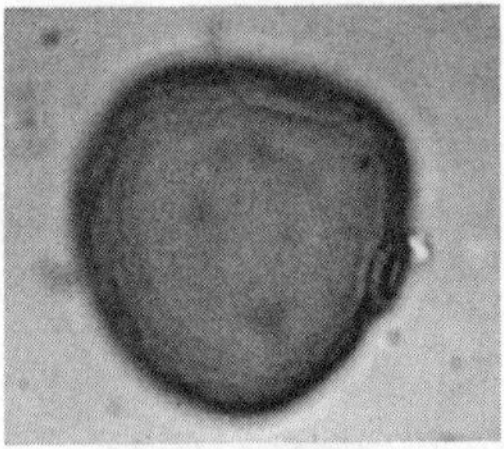
図8　稲の花粉

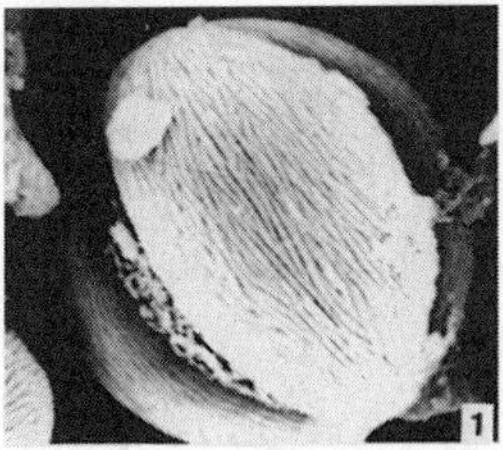
図9　モミジの花粉

ナラの花粉がいっぱい出てきたら、ここにはナラの森があったということがわかるわけです。

それでは、図8は何の花粉だと思いますか。

これは稲の花粉です。これが出てくると、ここでお米を作っていたということがわかります。

どんな森があったかということだけでなく、人間がどんな物を食べていたかということも、この花粉分析からわかるわけです。

何年前かということはあとで言いますが、放射性の「炭素同位体」による測定という方法と年縞の数を計測して計ります。花粉の年代は、その花粉が見つかった地層から推定するしかありませんでしたが、最近では花粉そのものの年代も測定できるようになりました。

いままでの花粉の図は顕微鏡で見たものですが、図9は電子顕微鏡で見たモミジの花粉です。

電子顕微鏡で見ると、こういうふうに細かい模様が花粉についているのが見えます。肉眼では見えませんが、電子顕微鏡では不思議な世界を見ることができます。百分の一ミリくらいの小ささですが、その表面にこういう不思議な模様がいっぱいついているのです。

このように、肉眼では見えないけれども、顕微鏡や電子顕微鏡で花粉をアップして見ていると、すごくいろいろな形が出てくるわけです。

そこで私は毎日、花粉を見て、「ああ、おもしろい、おもしろい」と興奮しています。

私は、この花粉を使っていろいろな研究をしているのです。

今日は、その花粉を使った研究の一例をみなさんに紹介します。

そこで、モアイの話をしましょう。

モアイの話と花粉の話とがどう結びつくかは、あとのお楽しみです。

図10　モアイ像

イースター島のモアイ

図10はモアイです。

このモアイはどこにあるか知ってますか。

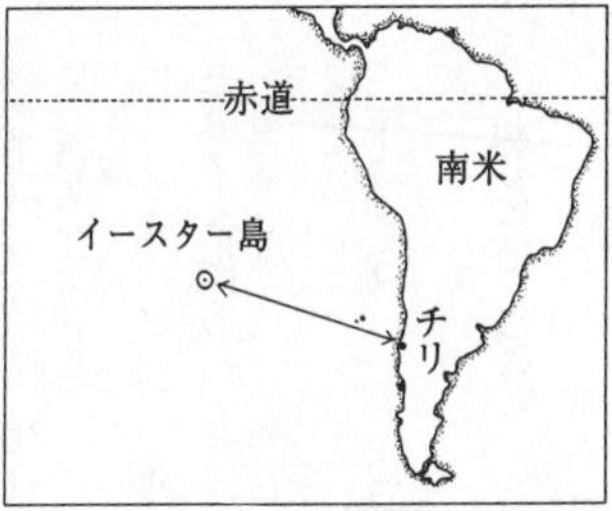

図11　南太平洋の地図

図12　モアイ像

▼「イースター島」と答える声がある。

おお、よく知ってるね。

それでは、イースター島はどこにあるの？

▼数人が「チリ」と答える。

みんな、よく知ってるな。

イースター島の位置はどこかというと、図11の地図を見てください。

南アメリカにチリという国がありますが、イースター島というのは、その沖合三千キロメートルぐらいのところにある、南太平洋の絶海の孤島です。

その小さい島に、モアイはあります。

▼「モアイはいつ作られたの？」という質問が出る。

モアイはいつ作られたかというい質問がありましたけど、五世紀にこの島に人々がやってきて、だいたい八世紀ぐらいからモアイを作り始めたのです。

そして、十六世紀ぐらいまで作ります。

八世紀というと日本は何時代だったかな。

そう、奈良時代だな。そして十六世紀というと、織田信長や豊臣秀吉の時代だ。その時代までモアイを作っていたことになる。

そのモアイを作った人々は、どんな人だったのだろう?

図10と図12を見ると、赤い帽子をかぶったモアイと、かぶっていないモアイの二種類ありますね。

赤い帽子をかぶったモアイのほうが、作られた時代が新しいのです。
▼説明しながら、図12のモアイを指し棒で指すと、「顔が丸い」という声が上がる。
顔が丸いな。さっきの図10のモアイと比べてみよう。

図10のモアイは、顔も耳も長いね。

モアイを作った人は支配者で、支配者は耳が長い。それで、これを「長耳族《ちょうじぞく》」といいます。

支配者でなくて、奴隷として働かされていた人の耳は短く、「短耳族《たんじぞく》」といいます。

夢を持とう

ノルウェーの研究者にハイエルダールという人がいました。そのハイエルダールは、私がちょうど君らぐらいのときに、イースター島のモアイを作った人々がどこから来たのだろうかという実験航海をしました。

どういう実験かというと、チリの海岸からコンチキ号というイカダを出したのです。そして、実際、コンチキ号はイースター島に到着しました。それで、イースター島でモアイを作った人々は、南米からつまり東から渡っていったのだという説を出しました。

私はそれを読んでたいへんに興奮しました。そして、私も大きくなったら、ハイエルダールのような冒険をしたい、イースター島へ行って研究してみたいという夢を持ったわけです。

私は、その夢を実現することができましたが、君たちも、そういう夢をなにか一つ持ってほしいな。それは、人生の中で必ず実現します。私の授業を聞いて、イースター島へ行って研究してみたいという人が出てくれるともっといいのだけれど。

でも、ハイエルダールの説は誤りだったんです。

イースター島へやってきたのはポリネシア人だった

実際は、図13の絵のような人がイースター島へやってきたのです。

左が耳の長い、長耳族。

右が耳の短い、短耳族。

この二種類の人たちはどこから来たのかというと、東から来たのではなく西からやってきた。東南アジアのほうからやってきた、ポリネシア系の人々であることがわかったのです。

五世紀ごろ、ちょうど日本の古墳時代のころに、図14のような船に乗って、西のほうからやってきた。

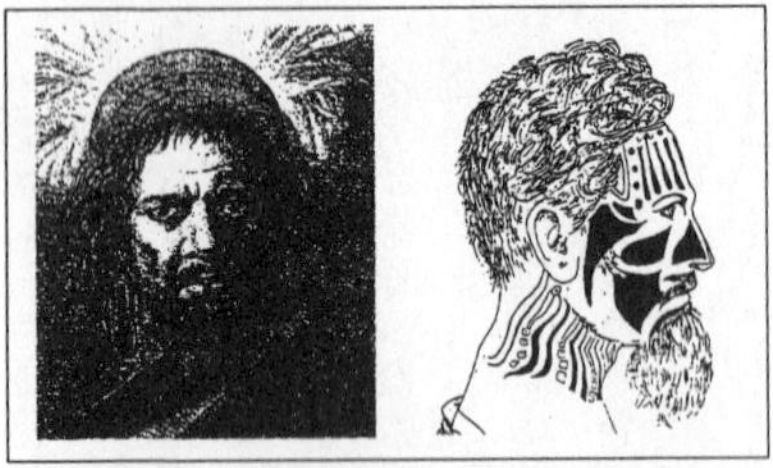

図13　長耳族（左）と短耳族（右）

図14　ポリネシア人の船

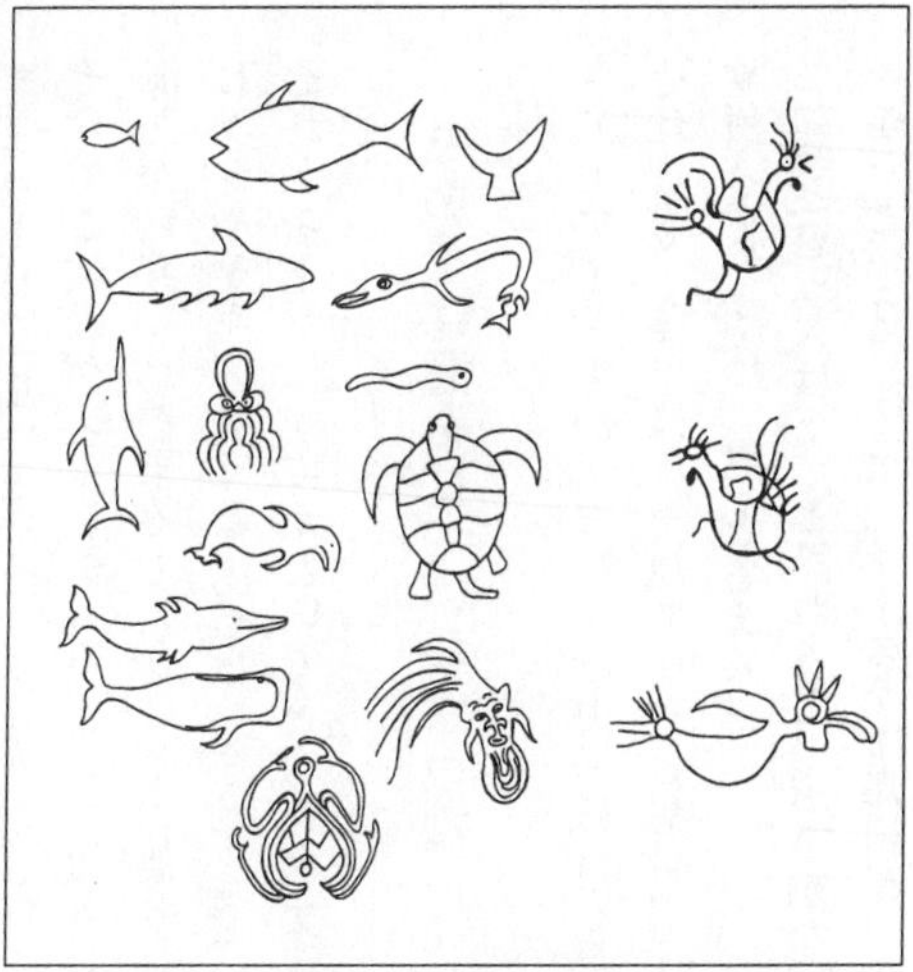

図15　イースター島の食料

つまり、モアイを作った人々は、東のチリからやってきたというハイエルダールの説は間違っていたんだね。

研究が進んでくると、その人たちは、私たちと同じアジア大陸からやって来たポリネシア人であることがはっきりしてきた。

次に、そのイースター島でモアイを作った人々は、どういう物を食べていたと思いますか。これはなんだと思いますか（図15）。

▼子どもたちは、指された図に、「タコ」「イルカ」などと答える。

先生は図15の一番下の絵を指して「これはエビじゃないかと思う」と説明する。

図15は、イースター島の人々が、石の上に描いていた絵ですが、この絵から、なに

を食べていたかわかります。
島だから、エビや魚はもちろん、カメも食べていた。
それから、これはなんだと思う?
▼「ニワトリ」「鳥」という声が上がる。
そう、これはグンカンチョウという渡り鳥です。
海だから渡り鳥が来るでしょ。その渡り鳥の卵は大切なタンパク源だった。
ヒツジやヤギのような家畜はいませんが、ニワトリはいました。
それから主食はなにかというと、バナナとかタロイモです。

モアイは海を見ていなかった

さてモアイですが、モアイは海のほうを見ていたと思いますか。
それとも、陸のほうを見ていたと思いますか。
▼何人かの子が「海」と答える。
「陸と思う人は?」と尋ねると、返事がない。「では、なぜ海のほうを見ていたんですか」という質問に、「イースター島にやってきた人たちは、嵐に巻き込まれて、イカダ

がこわれて帰れなくなった。早く帰りたいから」という答えが出る。

そうか、そういう願いをこめて海のほうを向いているのか。

だれか、ほかには？

▼「変な人が来ないように見ている」という意見も出る。

島を守るために海のほうを向いていたというわけですね。

私たちも、ずっと長い間、そういうふうに思っていた。

敵が来ないように島を守ったりするため、あるいは海の彼方《かなた》に行きたいという願いをこめて、海のほうを見ていると考えていた。

ところがそれは間違っていた。全員はずれです。

モアイは、陸のほうを見ているのです。

図16を見ると、みんな陸のほうを見ているのがわかるでしょ。

では、なぜ、陸を見ていたと思いますか。

▼「見守るため」という声が上がる。

そう、モアイは村人を守る祖先神なんだな。

祖先の神様だから、みんなを見守っていてくれた。

図16　モアイは陸を向いている

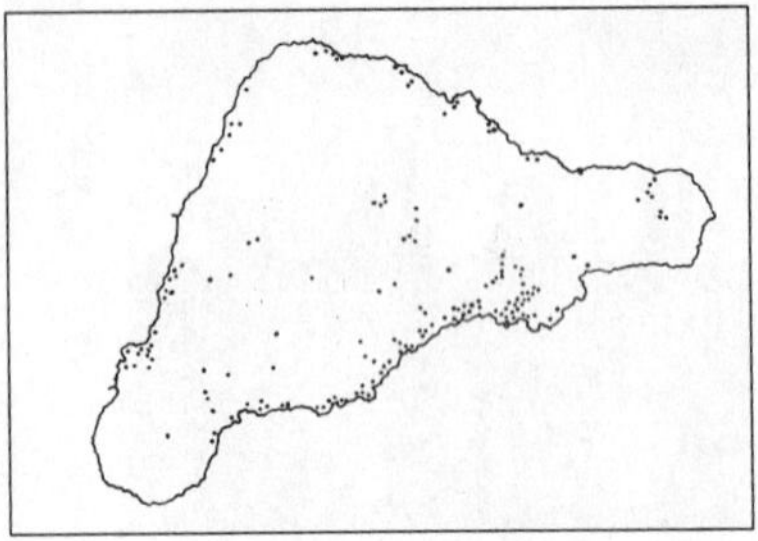

図17　モアイの所在地

モアイは、このイースター島の海岸線にそって立っています。地図（図17）に点を打ってあるのがモアイのある所です。

島の中央部にはあまりありません。海岸にあって、海を背にして内陸を見て立っているわけです。

モアイは千個、最大二十メートル、二十トン

それでは、モアイはだいたいいくつあると思いますか。

▼先生が子どもたちに聞いていくと、「十万以上」「五千」「五百個」という答えが出る。

正解は、およそ千個。五百個がいちばん近いね。

そのモアイは、どれぐらいの大きさだったと思いますか。

いちばん大きいので何メートルぐらいですか。

▼まだ発言していない子どもに答えてもらうよう指名していくと、「十メートル」「十五メートル」「八メートル」「二十メートル」「十三メートル」という答えが返ってくる。

正解が一つありました。いちばん大きいのが二十メートルぐらいです。小さいのは七、八メートルですから、モアイはおおよそ、七、八メートルから二十メートルの大きさです（図18）。

図18　モアイの大きさ

じゃあ、重さはどれぐらいかな？　何トンぐらいありますか。

▼「十トン」「二トン」「三トン」という答えが出たので、「十トン以上と思う人は？」という質問に切り替えると、「十二トン」「十五トン」という答えが出る。

いちばん重いので、二十トンあります。でも未完成のものは、八十トンもあると推定されたものもあります。

どのようにして作られ、運ばれたか

こんなに重いモアイをどうやって作ったと思いますか。

▼「山の石を切りくずして」という答えに、「なにを使って切りくずしたの？」と質問すると、「石で」と答える子

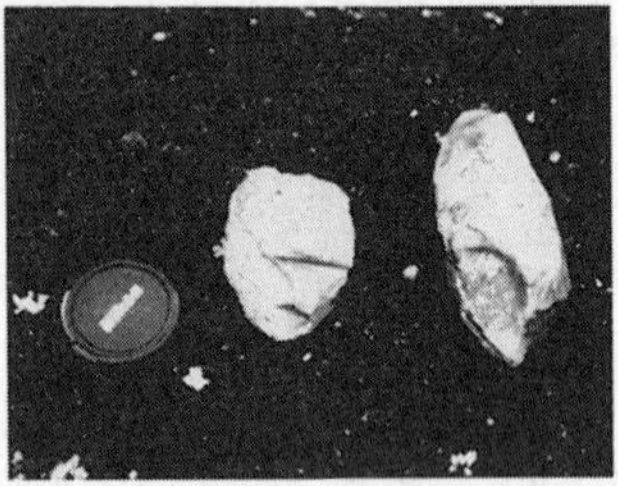

図19　石器

がある。

そうです、石で作ったのです。

この島は、溶岩でできている島なのです。

その溶岩で図19のような石器を作ったのです。

そして、モアイはやわらかい凝灰岩で作られました。

火山灰でできた石ですね。

溶岩で石器を作り、凝灰岩でモアイを作った。

そして、どうやってモアイを作ったかというと、図20のように、まず顔を作る。

それから身体《からだ》を作って、最後に背中をはずして、ポンとこう立てておくわけです。

なぜ立てておくかというと、モアイは村のリーダーの顔に似せて彫ったものなんです。

村のリーダーは、自分が生きている間に、自分の顔に似せたモアイを作るように頼むのです。

ラノララクという石切場があって、そこにモアイを作る工場があった。村のリーダーはそこに行って、モアイを作るように頼むわけです。

図21　モアイと先生

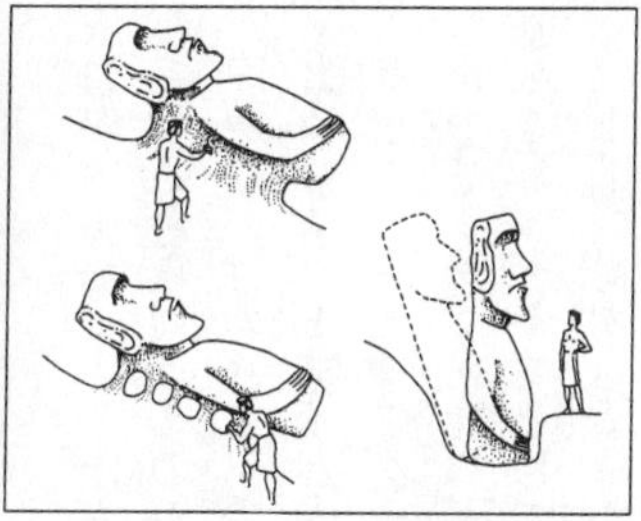
図20　モアイの作り方

図21に映っている人物は私です。これは鼻ですから、モアイがどれぐらい大きいかわかりますね。

これは作りかけのモアイで、ここがあごです。それから、口、鼻、目となります。

こんな大きなモアイを、石器でちょっとずつ凝灰岩をくずして作っていくわけです。

▼「モアイを作るのに何年ぐらいかかるの？」という声が上がる。

先生は、「いい質問だね。これを一個作るのにどれぐらいかかると思いますか」と尋ねるが答えがないので、「まず、一年と思う人は？　十年と思う人は？　それじゃ、百年と思う人は？」と聞く。百年と思う人はだれもいない。

「一個作るのに十年以内、だいたい五、六年」と説明する。

今度は、「島には何人ぐらいの人がいますか?」という質問が出る。

この島の人口が最大に達したときは、十五世紀のころで、およそ二万人の人が住んでいました。

二万人の人口で、一千近いモアイを作ったことになります。

島全体は溶岩でできていて、一か所だけ凝灰岩《ぎようかいがん》が噴出している所があります。そこがラノララクの石切場なのです。凝灰岩はやわらかいから、ここの石切場でモアイを作っていました。

図22は、村のリーダーが生きているときに自分の顔に似せて作らせたのです。太っちょのモアイとか、長顔のモアイとか、いろいろな形のモアイがあります。

そして、村のリーダーが死ぬまで、ここで待っているわけです。

村のリーダーが死ぬと、その村のリーダーのモアイをこの石切場から海岸の村まで運んでいきます。そして、アフと呼ぶ台座の上にモアイを立てます。

二十トンもあるような大きいモアイを、山の上からどうやって運んだと思いますか。

図22　ラノララクのモアイ像

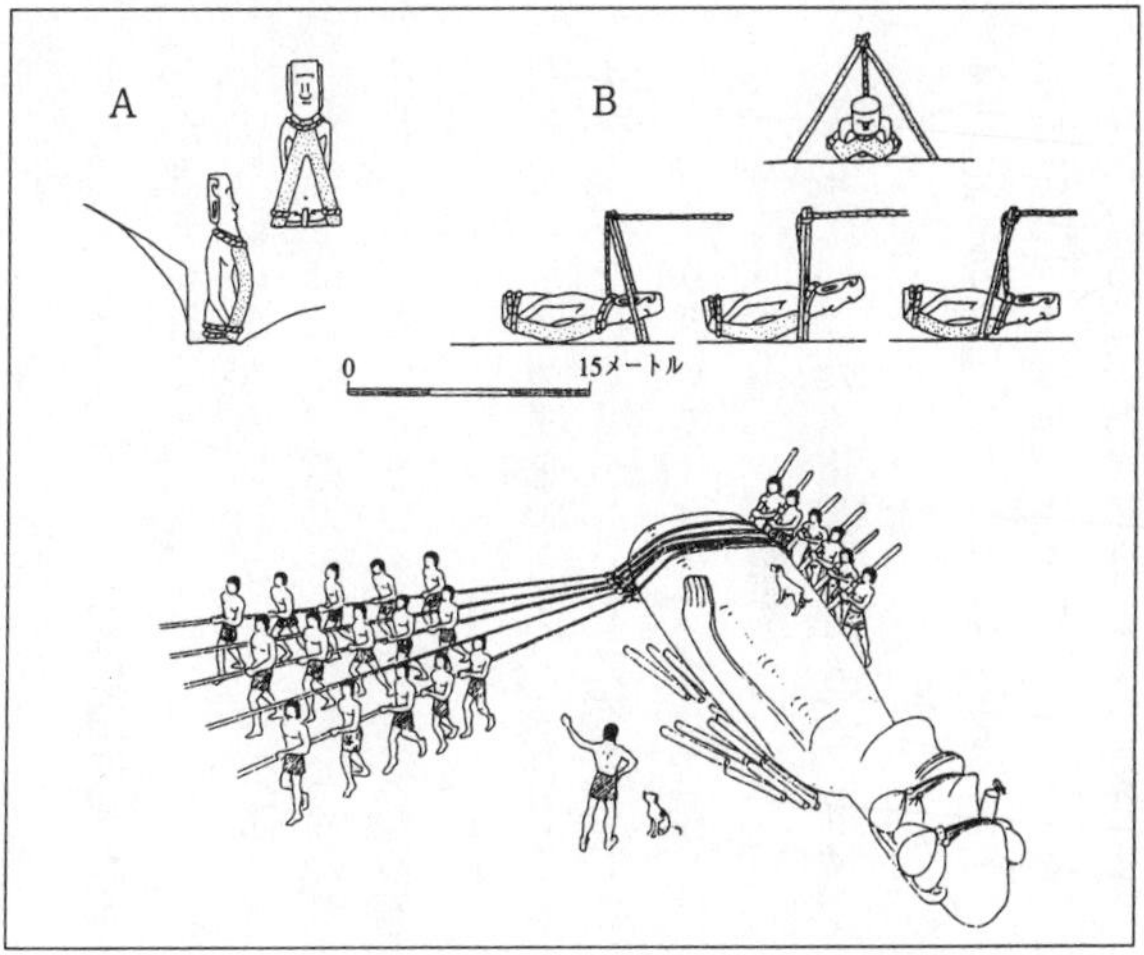

図23　モアイの運び方

▼子どもたちは手を挙げ、つぎのような考えを述べる。

「イカダみたいなものに縄で縛りつけ、みんなで引っぱった」

「丸太を車輪にして、その上をころがして運んだ」

「下に草とかをいっぱい敷いてソリみたいにして、縄でくくって運ぶ」

「モアイを縄でぐるぐる巻きにして、それをみんなで引っぱった」

いま、みんなが出した答えは、全部正解です。

モアイはやわらかい凝灰岩でできているから、引っぱっていく間に、鼻がこわれたりしたらたいへんでしょ。イースター島は岩山だから、引っぱっていくのは大変だった。

まだどうやって運んだか、正確にはわからないのですが、図23のようにいろいろなことが考えられます。

ソリのようなものをおなかに当てて、テコの原理をつかって運んだとも考えられる。おなかを下にして、運んでいったと思われます。

それから、モアイをロープでぐるぐる巻きにし、下に木のコロを敷いて引っぱっていく。

最近では、イカダという方法も注目されるようになった。どうしてかというと、モアイを作った石切場から、モアイが立ててある反対側の海岸線まで運ぶのは大変です。途中は山が続いています。そこを越えて、二十トンもあるモアイを運ぶのはものすごく大変です。

だから、いったん海岸に運んで、イカダを組んで、海の上を運んだのではないか。そういう意見もあります。

▼「沈みそうだ」という声が上がる。

さらにモアイは歩いたという説もある。立ったままのモアイにロープをかけて、交互にひっぱると、モアイはまるで歩くように移動する。でもこれは平らな所の移動しかできない。斜面では無理ですね。

▼「気候はどうだったの？」という質問が出る。

「南緯三十度ぐらいだから、だいたい沖縄と同じくらいで暖かい所です」と先生が答えると、「それでは、海に入っても大丈夫だね」と納得する。

モアイの目と「モアイ倒し戦争」

▼図24のスライドが映しだされると、子どもたちに笑い声が起こる。

石切場で作ったときは、モアイに目がなかったでしょ。

ところが、村のリーダーが死んで海岸まで運んできて、アフという台座の上に立てるわけですが、そのとき目が入れられる。目が入れられて初めて、このモアイは神様になるのです。

仏さんでも、最後に目を入れるでしょ。そして仏さんになりますが、それと同じです。

図24　モアイの目

この目は、いったいどこを見ていると思いますか。

▼「空」という声が上がる。

そうです、斜め上を見ていますね。

だから、昔は、ひょっとしたらモアイは宇宙人が作ったので、宇宙の彼方を見ているんじゃないか、というふうに思われたときもありました。

宇宙人がやってきて作ったんじゃないか、という説はまだ根強く残っています。

▼「胴が異常に長くて足が短いけど、どういう座り方をしていたのですか」と質問する子がいる。

「よく見てみましょう」と図18を再度映して説明する。

これは座っているのではなく、足の部分がないのです。

おなかの下、太ももまでしかありません。

▼「なんで、おなかのところがデカイんですか」という質問が出る。

お相撲の力士のようなフンドシをして、手をおへその下においている。

これはおもしろいね。僕もわからないけど、手がおへその下にあるのは、たいへん意味があると思う。

おなかの部分がいちばん大事なところだからね。

▼「さっきのモアイを見ると、ノストラダムスの予言を感じる」と言う子がいる。
この辺りは、どんどん質問が出る。

「モアイには、なぜ目があるのとないのとがあるの?」と聞く子もいる。

「君たちはなかなかいい質問をするね」と言って、図16のモアイをまた映しながら説明する。


これには目がないね。

もともと目があったのですが、目がなくなったのです。

目のソケットはあるでしょ。ここに目は入っていましたが、全部失われてしまったのです。

というのは、モアイを倒したとき、目はいちばん弱いのでみんな壊れてしまったのです。

なぜモアイは倒れたか。じつは、モアイを立てたあとで戦争が起こったからです。

長い耳の長耳族と、短い耳の短耳族とが、「モアイ倒し戦争」をするのです。

図25　倒されるモアイ

それで、モアイはみんな倒されてしまう（図25）。倒すときにどうやって倒したか。前に倒すわけです。前に倒すから、このように全部目が壊れてしまった。もともと目はあったのです。

では、なぜモアイを前に倒したと思いますか。

▼「顔がおもろかったから」（笑い）

「前のほうが重かったから」

「前のほうが弱かったから」

「神じゃなくするため」（先生「その答えは正解に近いな」）

「目で見られるとこわいから」

などの意見が出る。

モアイに目が入れられると神様になるわけだけど、神様をやっつけるためには、前に倒して目を壊せばいい。そうすれば、見つめられなくなる。

それで、十六世紀になると「モアイ倒し戦争」が激しくなり、モアイの目は全部壊されてしまいました。

じつは、図24のモアイも発見されたときは目がありませんでした。あとで復元して、もとはこういう目があったというふうに直したわけです。

図26　家

図27　洞窟

▼「モアイはなぜあんなに大きく作ったの？・」という質問に、先生は「これは難しいな。大きいほうがいいけど、小さくてもいいか」と困ってみせると、「大きかったらよく見渡せるもん」「大きいほうが心が大きくなる」という意見が出る。そのとき、授業終了のチャイムが鳴る。それで、「時間がないので、質問はもう終わりにして、今日の授業の結論について言います」と先に進める。

イースター島の悲劇

いままで立っていたモアイがどんどん倒されたあと、最後はどういうことが起こったか。

みんな、図26のような家に住むようになりました。入口がこんなに小さいんだよ。中は真っ暗です。なぜこんな家に住むようになったかというと、戦争

図28　ヤシの木

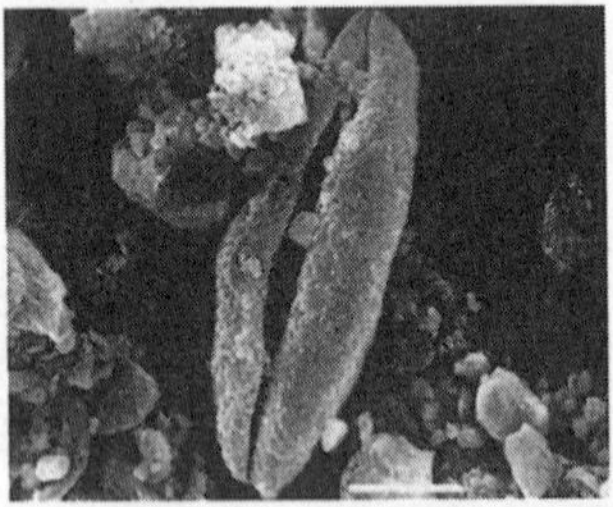
図29　ヤシの花粉

図30　島のやせた土地

が起こったからです。

図27は、現地の言葉では「アナカイタンダカ」、「人食い洞窟」と呼ばれる洞窟です。「モアイ倒し戦争」が起こった十六世紀から十七世紀には、この洞窟で、人を食べるということまであった。

もともとこの島の人たちは、大きなモアイを作ってみんな楽しそうに生活してきた。

その人々がなぜ戦争をしなければならなくなったか。

その理由を調べるのが、花粉の研究を専門にしている私の仕事です。

授業の最初のほうで言った「花粉分析」でそのことを調べました。

図28はヤシの木です。

花粉を調べると、イースター島には昔、ヤシの森があったことがわかった。この島は、深い森の島だったのです。

図29がヤシの花粉です。

モアイを運ぶためには、さっき言ったように、コロを使いますからたくさんの木が要ります。それから人口が増えるとタロイモやバナナを作る畑を耕作して森を破壊した。それでどんどん木を切った。

木を切ったあと、森はなくなった。そうするとどうなったか。

森がなくなって雨が降ると、表土が全部流されてしまう。

それで、図30のように土地はやせてしまいました。

そうすると、主食のバナナやタロイモが穫れなくなります。

また、木がなくなると船が造れなくなりました。だから、魚を獲りにいけなくなった。

その結果、十六世紀から十七世紀のこのイースター島は、大飢饉《だいききん》に直面したのです。食糧がなくなって、最後には、「人食い洞窟」まで出現して、人間が人間を食う事態が引き起こされた。

そして、モアイの文明は滅んでしまったのです。

地球の森を食べつくしたらどうなるか

▼ここで、持参してきたふろしきをみんなに見せ、腰に巻く。ふろしきには、地球の絵が染め抜かれている。

イースター島という小さな島は、太平洋という大きな海の真ん中の絶海の孤島ですね。人々はその島の森を食べつくしてしまった。

その結果、船も造れなくなって、魚を獲れない。島の中の食糧もなくなった。しかし、どこにも逃げていくことができない。そして最後に、文明は滅んだ。

このイースター島は、現在の地球と同じなんだな。

地球というのは、宇宙という広大な海の中にぽっかり浮かぶ島です。

地球を出て宇宙に行っても、森はない。森は地球にしかありません。

この地球の森を食べつくしてしまったら、どういうことが起こるか。その先、イースター島ときっと同じことが起こる。

モアイを作った人々が食糧がなくなっておたがいに食い合ったように、同じようなことが、この地球の未来にも起こる可能性がある。

宇宙という海の中の小さな島、命の森の島である地球を守っていかなければならない。そうしないと私たちは生き残れないのです。

イースター島の人々と同じような運命が待ちうけている可能性があるから、森を守ることはとっても大事なことなのです。

それでは、今日はこれで終わりにします。

＊この授業の中で使用した図13・14・15・18・20・23は、P. Bahn and J. Flenley "Easter Island Earth Island" Thames & Hudson, 1992 より再録しました。また写真はすべて安田喜憲先生が撮影したものです。

解説

齋藤 孝

この本につまっている授業は、まさに教育の王道だと思います。最高のレベルの研究をしている人たちの、小学生に一番必要なことを短時間のうちに全力で投げ込んでいこうという熱意・情熱が言葉の端々からうかがわれます。その熱気が、小学生の心に深く入ったのではないでしょうか。

小学生を対象にした場合、普通は分かりやすくしよう、水準を落としてやさしくしようとしがちです。ところが、相手を見て手加減をしないというのが授業では大事なことで、小学生だから、この程度でいいというふうに見くびってはいけません。この授業は、思い切りハイレベルにやっていますね。僕が、小学生向けに『理想の国語教科書』を書いた時も、漱石やゲーテ、ドストエフスキー、シェイクスピアなどをラインナップに掲げました。それは、最高のもののほうが分かると思ったからです。例えば、サッカーにまったく興味をもてない女性でも、メッシのプレーを見たらすごいと分かる。超一流のもののほうが、すごさが分かるんですね。もちろん難しい言い回しは避けますが、教えるべき事柄の本質のレベルは落とさない。ただ、小学生ですから、ある程度の工夫は必要です。例えば、河合先生の『道徳』のように、背中合わせになって自分の思いを相手に伝えてみようということをやると、子どもたちは体ごと学ぶのが好きなので、分かってくれる。あるいは、声に出して読もうと言うと、子どもは大学生以上に乗ってくるので、やりやすい面もあります。

『地中の花粉』では、「モアイを作るのに何年ぐらいかかるの？」「気候はどうだったの？」「モアイには、なぜ目があるのとないのとがあるの？」といった具合に、質問がどんどん出てくる。小学生というのは一度好奇心に火がつくと、どんどん質問してきます。そういう意味では、小学生のほうが授業としての熱気が生み出しやすいという面もある。その場合に必要なのは、先生自身に活気があることです。それは、単にテンションが高いということではなく、今伝えようとしていることに情熱を持っているかどうかということです。その情熱が身体から活気となって溢《あふ》れ出て、教室の空気を作る。小学生は、先生がどれだけ情熱に溢れているかに敏感です。先生が教壇に立った雰囲気で、その先生が本気かどうかをすぐに感じ取ってしまうのです。

この授業は、わずか45分の間に、これだけの内容を話したのかと、びっくりするほど密度が濃い。何といっても、テーマの選び方が本質的です。各先生方がご自身の研究において、「これが大切だ」とつかんだものをぶつけてくる。また、小学生がこの先の人生を生きていく上で大切になる事柄を揃えて、45分の中に入れていくわけです。そうすると、密度がものすごく高まってくる。その密度の高さは、子どもの意識の量を増やしていくと思います。私が子どもたちに教える時は、ストップウォッチを使って、「次は1分で考えて」とか、「30秒で発表して」とか、「3分で音読して」と区切ることで密度を上げていきます。そうすることによって、子どもたちの意識がどんどん活性化して、意識の量が増えていく感じがあるからです。

この本の授業の特徴は、一種のトレーニングであると同時に、この先生方に教わったという、生涯忘れられないような出会いの体験になっていることです。私は、「出会いの時は祝祭に」という言葉を使うのですが、それは出会った時にエネルギーがぶつかりあって、その場が祭りのようになるという意味です。ここでの授業は、先生と小学生がまさにぶつかりあったところでエネルギーが渦巻いて、知的好奇心という釣りが行われているわけです。

僕は教育の本質は、「憧れに憧れる」という構造だと思っています。それは、先生の側に何かすごく憧れているものがあって、その情熱の矢があまりにすごい勢いで飛んでいるものだから、子どもたちがそれに沿って、一緒に矢になって飛んでいくということなんですね。

例えば、井波先生の『三国志』の話を聞いたら、「三国志面白いな。この先生、三国志好きなんだろうな」と思って、そちらに関心が向かい、芳賀先生によって『俳句』が語られれば、「この先生は、ものすごく俳句が好きなんだな」と思って、自分たちも俳句が面白くなってきたと感じる。山折先生の『宮沢賢治』では、宮沢家が山折先生の家のすぐ近くにあったので、宮沢賢治は、こういう人だったんだよというのが、体から体へ伝わっていくような授業になっています。すべてが憧れの矢になっているんですね。その他の先生も全員が、もう夢中になって飛んでいる状態です。山田先生は、「時計ってすごいんだよ」と言い、尾本先生は「蝶ってこんなにすごいんだよ」と語ります。この「すごい」という興奮が子どもたちの学ぶ意欲に火をつけるんです。一番大事なことは、先生が教壇の上ですでに燃えていることです。「勉強って面白い」と思ってもらう以上に、まず、世界に驚き、私たちの文化に驚く。「俳句って、ちょっと聞いたことあるけど、やってみたらすごいでしょ、面白いでしょ、自分たちでも作れるでしょ」というふうに、すごいと思うと同時に身近なものにしていく。この授業のよさは、すごさを伝える一方で、それを身近なことに感じさせているところです。

僕が授業づくりを専門にやってきて、より一層思うのは、授業には、「すごい、すごすぎるよ！」という発見がないとだめだということです。それは、子どもたちが勝手にできるものではありません。むしろ、専門の勉強をしてきた人の方が、そのすごさが分かる。例えば、ゴッホのすごさなら、私たちでもすぐにわかるかもしれませんが、マネやセザンヌだったら、本当にすごいって叫び出さないかもしれない。でも専門家が説明した後に、「セザンヌ、すごいな」と言わせる。それが授業だと思います。

授業は、「感動」か「習熟」かのどちらかであってほしい。できれば両方であってほしい。授業で「これってすごいな」と感動したら、それが学びにつながってきます。それ自体が学ぶ一番の喜びですね。「習熟」とは、例えば、その時間に計算の練習をした。そのおかげで何かができるようになったということです。この授業は45分しかないので、どちらかというと感動が基本です。それでも、『俳句』には、習熟も入っていますよね。実際に生徒が俳句を作って、それを先生が添削して、どんどん俳句がその場でできてしまう。

僕は20年間、ずっと学生に「すごい、すごすぎるよ！　っていうことで授業を構成してほしい」と言い続けています。そのためには何が必要かというと、教師自身が勉強し続ける、研究し続けるという気持ちを持つことです。超一流の研究者でなくても、興奮は伝えられます。例えば、花粉を研究していなくても、花粉から、モアイ像がある島の人がどうして滅びたかがわかったという研究成果を話すだけでも、興奮が伝わると思います。そうすることによって、知的な好奇心が、ばーんと出てくる。

いま、僕が心配しているのは、一通り受験勉強してきたとしても、その人に本当に知的好奇心が溢れているわけではないということです。本当に知的好奇心に溢れているなら、それに関する本をどんどん読むはずですが、本をあまり読まない。大学の授業に出てくるのは、単位がもらえるからかもしれない。一見、真面目なのですが、本当の真面目さとは違うと思います。本当の真面目さというのは、授業を大人しく座って聴いて、単位をもらうことではありません。時にはサボるかもしれないけど、その間にものすごく多くの本を読んでいたり、昆虫採集に出かけていたり、突然、バングラディシュに行ってしまうというのが、本当の意味での真面目さだと思います。この本に登場する先生方は新の意味での真面目さがあります。実際の授業となると、身振り手振りも大きくて勢いがある。この授業は、大人にとって、ものすごく勉強になります。例えば、親がこの本を読んで、一章ずつ実況中継のように子どもに興奮を伝えていく。そうすると、「時計って昔はこうだったんだよ。どう思う?」というやり取りが生まれてくるでしょう。「じゃあ、時計をどうしたと思う?」「水を使って時計を作るとしたらどうやって作ると思う？」「でも、水がなくなっちゃうよね。どうする？」と、親が理解して、それを語るという感じでいいと思います。ここでの授業は、実にバランスがよく、自然科学から文学、道徳までいろいろそろっているので、子どもたちがどこかで反応するかもしれません。そうしたら、「時計についてもっとやってみよう」とか、「蝶について図鑑で調べてみよう」とか、「宮沢賢治を読んでみよう」というふうに広がっていくはずです。

本だけではなく、テレビにもいい番組は多いので、それを見ながら、「宇宙ってこうなってるんだね」とか「世界ってこうなってるんだね」と語り合う。親子が過ごす時間は案外限られているので、親が本当にこれはいいなと思うものを一緒に見て語り合う。一つのテキストをもとに語り合うのが授業の基本ですから、それは本当にいい授業だと思います。また、子どもたちは全方位的で、文系理系に分かれているわけではありません。この授業も全方位的に行われているので、知的好奇心を培《つちか》うことができると思います。知的好奇心は、できれば、幼いうちに培っていたほうがいい。これは音楽や運動と似ていて、ある程度素地を作ってほしい。そのためには、一流の人の話を聞く機会を増やすことも大切です。講演会があったら、子どもを連れて行く。分からないことがあってもいいんです。「この先生はｉＰＳ細胞で凄いんだよ。聞いておこうね」と、まるで野球場にイチロー選手を見に行くかのような感じでいいと思います。

ここに登場する先生方は、たった45分の授業かもしれないけど、その構成はものすごく考えたと思います。実力があるから適当にやるのではなく、これをやろうと構成を決めて、渾身の授業を行ったはずです。「子どもたちは先生の真似をし終えて、爆笑する」とか、「絵を描くと分かるよと言って、板書する」とか、大人が読んで、面白いなあと思える授業です。この感動を子どもに伝えてほしい。まず全国の先生に読んでもらって、授業の本質というのはこうなんだと目覚めてほしいです。一流の学者だからできるのだと諦めるのではなく、この興奮を伝えようと感じてもらいたいですね。

（さいとう　たかし／明治大学教授）

小学生《しょうがくせい》に授業《じゅぎょう》
朝日文庫

2013年1月30日　第1刷発行
2013年6月15日　第2刷発行

編著者　河合《かわい》隼雄《はやお》・梅原《うめはら》　猛《たけし》

発行者　市川裕一
発行所　朝日新聞出版
〒104-8011　東京都中央区築地5-3-2
電話　03-5541-8832（編集）
03-5540-7793（販売）
印刷製本　大日本印刷株式会社

ISBN978-4-02-261746-0